"简"读中国

敦煌汉简里的丝绸之路

马丽 著

图书在版编目(CIP)数据

"简"读中国：敦煌汉简里的丝绸之路 / 马丽著.
杭州：浙江文艺出版社，2024.11. -- ISBN 978-7
-5339-7828-0

Ⅰ.K877.54;K928.6

中国国家版本馆CIP数据核字第2024K45Z25号

策划统筹	虞文军　柳明晔　王宜清	责任印制	吴春娟
责任编辑	陈兵兵　邵　劼	装帧设计	安　宁
营销编辑	周　鑫	数字编辑	姜梦冉　诸婧琦
图片协助	甘肃简牍博物馆		

"简"读中国：敦煌汉简里的丝绸之路

马丽 著

出版发行	浙江文艺出版社
地　　址	杭州市环城北路177号
邮　　编	310003
电　　话	0571-85176953（总编办）
	0571-85152727（市场部）
制　　版	浙江新华图文制作有限公司
印　　刷	浙江新华印刷技术有限公司
开　　本	880毫米×1230毫米　1/32
字　　数	227千字
印　　张	10.625
插　　页	1
版　　次	2024年11月第1版
印　　次	2024年11月第1次印刷
书　　号	ISBN 978-7-5339-7828-0
定　　价	78.00元

版权所有　侵权必究

序

沙武田

  居延汉简的发现被认为是 20 世纪初中国四大考古发现之一，而 20 世纪 90 年代敦煌悬泉置遗址的考古发掘工作以及出土内容丰富的简牍，加上敦煌玉门关、马圈湾等地简牍的陆续出土，使得河西地区的汉简数量越来越多，成为记载汉代河西历史和同时期丝绸之路交通的重要考古和文献资料。简牍的研究成为改革开放以来中国学术的新热点。尤其是近年来随着国际学术界对丝绸之路研究热的持续升温，为了配合国家共建"一带一路"倡议的实施，作为历史时期人类文明大通道的丝绸之路无疑成为社会各界关注的焦点，我们今天似乎生活在一个被"丝绸之路"这样的热点词语包围的世界当中。我个人觉得这是一个好现象，说明社会各界对人类文明交流史，对历史时期国家、民族、文化之间的互动关系，对人类社会物质生活发展史的关心与关注的欲望、热情比以往任何时间都要更加强烈，这应该是人类自身进步的表现，而对汉代简牍的关注、解读、研究则成为这个时代热潮中的重要内容。

  河西走廊是丝绸之路的"黄金段"，敦煌则是丝路咽喉"两关"所在地，是古人眼中的"华戎所交一都会"，这里的每一块土地都见证了丝绸之路上来来往往的使团、僧侣、商队、戍卒、行人们的身影，而大量出土于居延、敦煌各地的汉简，则更是以清晰的历史之笔记录下了发生在丝绸之路上的大事、小事，重要的官方文书、琐碎的日常生活。这些文字资料，无论如何都是曾经发生在丝路上耐人寻味的最真实的历史故事，而且往往是最底层丝路民众的故事，这些故事无论如何是不会被官方的史书和文献所记载下来的，但却是构成丝路历史最基本的链条，理应不能缺失。

之前这些丰富而真实的历史故事，往往是考古人手中的第一手资料，或者是博物馆幽暗库房中的文物特藏，至多也只是学者们在小范围内交流的历史知识。因为这些材料的出土和来源都是文博考古人专业工作的收获。由于是文物，其社会属性也显得过于珍贵，加之汉代人书写方式的独特性与汉简文字释读的困难，使得汉简所包含着的历史知识过于专业化、学术化，无法走入寻常百姓家。

如此引人入胜的丝路历史和故事，不应永远静静地躺在博物馆里，也不应局限于少数专家学者的讨论之中。我们要让这些珍贵的历史文物发挥应有的社会作用，让博物馆里的文物活起来，让简牍中的历史活起来。

另一方面，简牍由于其本体文物的属性关系，汉简文字的释读是很专业化的技能，没有专业背景的人要释读其上面那些汉风书法浓厚的文字内容，认字这一道关就过不了。即使是文字可以认出来，要读懂其原本的历史含义则又是另一回事，也就是说对汉简所记历史的了解与掌握，是有门槛的。

所以，我觉得马丽的《"简"读中国：敦煌汉简里的丝绸之路》正是一本帮助广大对历史、对简牍、对丝路感兴趣的读者跨过这一门槛的书。书中既有简牍文物本体，包括文物图像、相关简牍的考古信息、简文的释读，也有和简文相关历史的延伸阅读，触类旁通，就把每一枚小小的简牍放回到其应有的历史坐标当中，让简牍变得有血有肉，有了历史的灵动，并赋予丝路历史与人文交流互动的精神与灵魂。

马丽现在是甘肃简牍博物馆陈展部的一名普通工作人员，她是文物博物馆专业研究生毕业，硕士阶段跟我学习敦煌学，之前还在甘肃省文物考古研究所从事过考古清理发掘、文物资料整理与考古简报的撰写工作，热爱考古文博事业。她到甘肃简牍博物馆工作时间不长，能够在工作之余，完成这本著作，下了功夫，值得肯定，也可以感受到她对工作的热爱和文化情怀。

我虽然不从事简牍研究，但我是考古专业出身，加上之前在敦煌研究院工作，对甘肃文物考古关注较多，和甘肃文博界的人来往也多。我曾参与纪录片《河西走廊》学术脚本的撰写，亲自考察过河西走廊上的汉代遗址，因此对甘肃从事简牍学研究的前辈和同仁们一直心存敬意。我始终认为对甘肃学术界而言，简牍学研究和敦煌学一样重要。2013年，我接受了金塔县博物馆的邀请，并受甘肃省敦煌学会和甘肃省历史学会的委托，参与组织了在金塔县召开的"居延遗址与河西简牍研究国际学术研讨会"。此次会议吸引了来自国内外从事简牍学和秦汉史研究的二百余位学者，规模颇大。作为会议的组织者，我深刻感受到了学者们对河西简牍研究的巨大热情，至今记忆犹新。

所以，当我读到马丽送来的书稿，心中有一种欣慰和释然。虽然我深知作为门外汉给她的著作写序并不合适，会贻笑大方，但我个人对甘肃简牍工作心向往之，看到学生学有所成，所以写下这些文字，算是对马丽的鼓励吧。同时也希望她在深奥的简牍学研究中有新的突破，学无止境，更上一层楼。

2024 年 10 月 16 日于兰州

目录

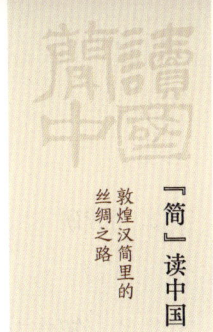

"简"读中国

敦煌汉简里的丝绸之路

contents

第一单元 行者无疆

寻找大月氏	- 002
公主琵琶幽怨多	- 012
解忧公主嫁乌孙	- 020
解忧公主回家	- 029
冯夫人锦车持节	- 036
长罗侯常惠出使西域	- 044

第二单元 国士无双

后将军赵充国古稀之年平西羌	- 056
破羌将军辛武贤讨南羌	- 066
第一任西域都护郑吉	- 072
两任西域都护段会宗	- 080
御史大夫杜延年明习法律	- 088
西域都护甘延寿诛郅支单于	- 096
傅介子伐楼兰	- 104
右将军冯奉世威震西域	- 112
扜弥太子赖丹屯田轮台	- 120

「简」读中国

II

第三单元 治边安邦

穿渠校尉兴水利	- 128
护羌校尉忙羌事	- 136
渠犁屯田供外使	- 144
徙民于敦煌郡	- 151
伊循屯田固南道	- 158
屯戍车师保安宁	- 164
备具传车置边吏	- 171
遣送施刑士徙边	- 180
敦煌太守管得宽	- 185

第四单元 通达万物

邮行有程	- 194
通信持传	- 201
传马驰行	- 212
乘传奏事	- 222
译人传辞	- 231
医学药方	- 237

目录
contents

第五单元 东来西往

使者访于阗	- 246
龟兹王夫妇留宿悬泉置	- 258
精绝古国承汉制	- 266
大月氏来使	- 273
康居王使者献橐驼	- 281
折垣王献狮记	- 290
天马出大宛	- 298
匈奴日逐王归汉	- 308
宴饮小浮屠里	- 314
贡使长安	- 320

"简"读中国 敦煌汉简里的丝绸之路

第一单元 ○ 行者无疆

"简"读中国 敦煌汉简里的丝绸之路

寻找大月氏

文物简介

木简一枚
出土编号：V92DXT1411②:35
1992年出土于敦煌悬泉置遗址
长23.5厘米，宽1.5厘米，厚0.2厘米
有文字上、下两栏，上栏三行，下栏两行
简文字迹清晰，基本内容认读清楚

该简是汉宣帝甘露二年（公元前52年），朝廷下发给护送大月氏诸国客返归的使者的传信，要求各沿途驿站按律予以接待。简中的"主客郎中""都内令"均为汉朝官职；"超""霸""侯忠""张寿""侯尊""弘"等均为人名；"大月氏诸国客"则说明此行护送的人员除

大月氏使者外，还有其他西域诸国的要客。汉与大月氏的官方往来，始于建元三年（公元前138年）汉武帝第一次派遣张骞出使西域寻找大月氏的伟大创举。从传世文献记载来看，汉宣帝甘露年间（公元前53年—前50年），汉与乌孙国的关系往来极为亲密。相较之下，传世文献对大月氏的记载较为简略甚至是欠缺的，而这一时期汉与大月氏的往来记录仅在汉简中才能看到。该简文为西汉与大月氏的交往填补了史料空白，对研究悬泉置的传舍制度，大月氏同汉朝的来往关系以及古丝路沿线的诸国关系往来具有重要价值。现藏甘肃简牍博物馆。

简牍释文

甘露二年三月丙午，使主客郎中臣超，承制诏侍御史曰：□都内令霸、副侯忠，使送大月氏诸国客，与序侯张寿、侯尊俱为驾二封轺传、二人共载。御属臣弘行御史大夫事，下扶风厩，承书以次为驾，当舍传舍，如律令。

简文大意

该简为御属臣弘代替御史大夫开具的一封传信，签发的时间是甘露二年三月十七日。简文记载，朝廷派遣都内令霸以及副侯忠护送西行的大月氏等西域诸国的使者，同行的还有张寿、侯尊，共同乘坐二封轺传车。要求国道上自扶风厩向西的沿途各驿站馆舍都要为他们提供食宿和轺传车。

据史料记载，汉宣帝甘露二年在位的御史大夫为杜延年。当年他因病辞去了御史大夫一职，后驱车回故里颐养天年。新任的御史大夫于定国直到五月才上任，所以才会有简文中记载的御属臣弘在三月内代行御史大夫杜延年签发传信一事。

阅牍延伸

凉州词二首

[唐] 王之涣

黄河远上白云间，一片孤城万仞山。
羌笛何须怨杨柳，春风不度玉门关。

单于北望拂云堆，杀马登坛祭几回。
汉家天子今神武，不肯和亲归去来。

在祁连山脉中段有一条贯通南北长约二十八公里的大峡谷——扁都口。不论是在交通不便的中古时期还是在交通极为畅通的当代，此地都是从青海进入甘肃河西地区的要道。发源于祁连山脉的多条河流，与连天的牧场、肥壮的牛羊，构成了一幅壮美的西北风光画卷。而在两千多年前，也正是在通过这个峡口之后，西汉朝廷派出的使者最终凿通了西域，开辟了举世闻名的"丝绸之路"，从此，开启了汉廷经营西域的历史新篇章。

公元前141年，十六岁的汉武帝刘彻成为西汉的第七位皇帝。此时的汉帝国也迈入了盛世，国富民强。就西汉王朝的疆域

内蒙古阴山山脉中部

而言,东界是大海,西南是青藏高原,而一直让西汉苦恼的是北边和西边强大的匈奴势力。

匈奴发祥于今内蒙古河套地区和阴山一带,由众多的游牧民族逐渐演变并融合而成。秦汉时"东胡强而月氏盛",游牧于蒙古高原中部的匈奴,受到敦煌祁连间的月氏与蒙古高原东部的东胡两方面胁迫。相较于东胡而言,月氏更为强大,其"控弦者可一二十万",所以匈奴单于曾送其子至月氏做质子。而在秦末汉初中原混乱之际,杰出的匈奴统领冒顿单于便登上了历史舞台。

冒顿单于少年时曾作为质子被其父送往月氏,自月氏逃回匈奴部落后,杀其父自立为单于。在冒顿单于的带领下,匈奴势力日益强大,于是解决月氏与东胡两面胁迫一事便被提上了日程。

相较于强大的月氏，冒顿单于首先选择发兵东胡，待其破灭东胡王后，匈奴控制了西拉木伦河至额尔古纳河一带的区域。

在疆域和势力得到充足发展后，冒顿单于又向西攻击月氏。汉文帝前元四年（公元前176年），冒顿单于派右贤王西征击败月氏。大部分月氏人被迫西迁至伊犁河流域。《史记·大宛列传》记载："始月氏居敦煌、祁连间，及为匈奴所败，乃远去，过宛，西击大夏而臣之，遂都妫水北，为王庭。"与月氏同在祁连、敦煌间的还有一个乌孙国，相较月氏而言，国力弱小。在月氏攻击乌孙并杀死了乌孙昆弥（国王）难兜靡之后，乌孙部众投奔于匈奴。乌孙王王子猎骄靡在匈奴留居十多年后，匈奴单于将逃奔于匈奴的乌孙部众交还给他统领。为报月氏杀父之仇，约在公元前161年，猎骄靡率乌孙部众与匈奴联军，在杀掉月氏王后，又攻占了月氏位于妫水（今阿姆河）北部的王庭，迫使月氏西迁。至此，祁连地区尽归匈奴统治。在匈奴的数次打击下，月氏分裂成两支。大部分西迁的月氏人后来被称为"大月氏"，留居在祁连山南山中的月氏人则被称为"小月氏"。

在冒顿单于击败强大的月氏之后，匈奴便占据了河西走廊。随后冒顿单于又率兵向南，一举吞并了楼烦、白羊河南王，匈奴势力又延伸到今天的陕西北部及内蒙古南部地区。匈奴部落在冒顿单于的带领下，所控制的地域东起辽东，西接羌、氐，北达贝加尔湖，南抵河套及今山西、陕西北部。一个强大的匈奴帝国自此建立。

冒顿单于势力大发展时正是中原西汉建立初期，西汉边境时常遭到匈奴的袭击。公元前201年，冒顿单于率军南下，整个代郡落入匈奴之手。于是汉高祖刘邦决定御驾亲征，结果却被匈奴围困在白登山。白登之围后，西汉与匈奴达成协议订立盟约，不仅采取和亲政策，每年还要赠送匈奴大量的丝绸、粮食、酒等物资。可即便如此，西汉的边界仍旧会时常受到匈奴的侵扰。

面对匈奴带给汉廷几十年的威胁和屈辱，年轻气盛的汉武帝刘彻决定改变这一切。恰好他从抓获的匈奴人口中得知，曾被匈奴击败无奈西迁的大月氏有报世仇的意向，虽想回到故土，但力不从心。汉武帝认为大汉若能联合西迁的大月氏，从东西两面共同发兵夹击匈奴，必定可以取胜。但是，通往西域的要道河西走

西汉马踏匈奴石雕拓片，原石藏于茂陵博物馆

廊被匈奴右贤王部下的浑邪王与休屠王所控制。此外，西迁后的大月氏究竟去往了何处也无人知晓。即便困难重重，汉武帝依旧决定派使者西行联络大月氏。于是，便有了张骞第一次出使西域寻找大月氏的故事。

在张骞主动请缨之后，汉武帝不仅亲自为他挑选了随行的勇士，还命归顺的匈奴人堂邑父担任使团的向导和翻译。建元三年（公元前138年），张骞持汉节率领使团出长安、经陇右、过黄河后，沿祁连南麓西行，从扁都口进入了河西走廊。就在使团冒险穿过这条被匈奴人严密控制的通道时，不幸碰上匈奴骑兵，张骞一行全部被俘虏了。匈奴军臣单于为了能从他们口中套出汉朝的情报，并未杀害他们。甚至为了劝降张骞为匈奴效力，还将一名匈奴姑娘嫁给了他。在被软禁的日子里，张骞近距离熟悉和了解了匈奴的军事装备与战术情况。这一留居便是十余年，但他始终没有忘记自己的使命。终于有次趁匈奴不备之际，张骞带着堂邑父逃离了匈奴的控制，继续踏上了西行寻找大月氏的旅程。

张骞和堂邑父身着胡服，穿过匈奴人的重重关卡。他们二人进入焉耆后，一直沿着塔里木河西行，经过库车、疏勒等地，最终在大宛人的帮助下到达了大月氏王庭。见到大月氏王时，张骞表明了汉武帝想要联合大月氏共击匈奴的提议。虽然大月氏王对汉使跋涉万里的勇气很钦佩，却已无意再向匈奴复仇了。大月氏王认为新的国土十分肥沃，环境舒适，族人已经在此安居下来发展农业生产了，并不想为了回到故土再与匈奴发生残酷的战争。

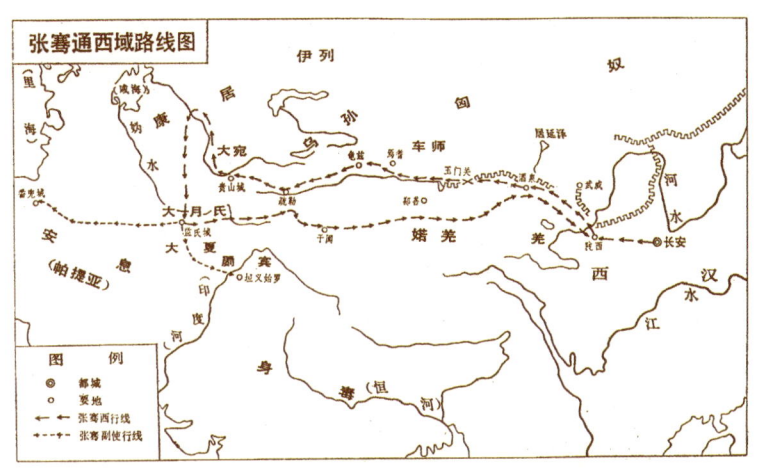

张骞通西域路线图,引自干春松、张晓芒《中国文化常识》

在大月氏滞留的一年多时间内,张骞再三向大月氏王提到汉武帝的意向,但最终未能得到大月氏王明确的答复,这让他感到有些失望。虽然未能实现与大月氏结盟的目的,但这次西域之行让张骞大大丰富了对西域诸国的了解和认知。他深知中原与西域诸国往来畅通无阻的关键,就在于打通河西走廊这条咽喉要道。在确定结盟无望后,张骞迫切地想要尽快返回长安向汉武帝汇报情况。为避免再次遭到匈奴人的拦截,张骞和堂邑父决定经由青海的羌人地区返程。然而时过境迁,此时的羌人部落已变成了匈奴的附庸,因此他们再次被匈奴骑兵俘虏。

直到汉武帝元朔三年(公元前126年),匈奴军臣单于病逝,张骞趁机带着堂邑父和匈奴妻子出逃,一路辗转跋涉,终于回到了长安。十三年前出使的使团浩浩荡荡,如今归来的只有孤零零的几人。汉武帝隆重地接待了张骞,张骞也将自己在西域诸

敦煌莫高窟第 323 窟壁画《张骞出使西域图》

国所见的物产、风俗以及沿途的山川地貌，向汉武帝及众大臣做了详细汇报，并呈上了他带回来的西域地图以及当时汉地未曾见过的植物种子。鉴于此等功绩，汉武帝封张骞为太中大夫，授堂邑父为奉使君。数年后，因在抗击匈奴的战争中功勋卓著，张骞又被汉武帝封为博望侯。

虽然张骞联络大月氏共同夹攻匈奴的使命没有完成，但在出使中他访问了大宛、康居、大月氏、大夏等地，了解到了乌孙、安息（即波斯，今伊朗）、条支（即大食，约在今伊拉克境内）、身毒（今印度）等地的情况。汉武帝元狩四年（公元前 119 年），张骞再度出使西域，他也曾派副使到访过大月氏。这次出使，促进了西域诸国使者相继归汉，汉与西域各国正式开始了平等友好的交往。这也为汉宣帝时建立西域都护府、郑吉经营西域奠定了基础。

张骞作为丝绸之路的开拓者，他的名字自此在史册上留下了浓墨重彩的一笔。在丝绸之路极其兴盛的唐代，虽然距张骞出使西域已经过了七八百年的岁月，但博望侯张骞不仅未被历史的洪流冲走，反而成为敦煌壁画中的经典形象，这是后人给予他的一座不朽的丰碑。

参考文献

司马迁：《史记》，北京：中华书局，1959 年。

班固：《汉书》，北京：中华书局，1962 年。

林梅村：《汉唐西域与中国文明》，北京：文物出版社，1998 年。

郝树声、张德芳：《悬泉汉简研究》，兰州：甘肃文化出版社，2009 年。

"简"读中国 敦煌汉简里的丝绸之路

公主琵琶幽怨多

文物简介

木简一枚

出土编号：Ⅱ90DXT0214③:19

1990年出土于敦煌悬泉置遗址

长22.9厘米，宽1.05厘米，厚0.2厘米

木简完整，简上文字漫漶，认读较难

　　该简为右类标题简，原为某简册中最左边的一枚简。简上端的墨涂为标题符号，"右"指简册右边所记录的内容。其中"乌孙公主女少夫"或为汉武帝时和亲乌孙的细君公主与岑陬军须靡所生之女——少夫公主。史籍中有关少夫公主的内容仅有《汉书》记载"岑陬尚江都公主，生一女少夫。公主死，汉复以楚王戊

之孙解忧为公主，妻岑陬"，只记载了少夫公主的父母，以及其与解忧公主的关系，对于少夫公主的生平事迹并未有任何提及。但该简文表明，少夫公主同其母细君公主一样，为西域的和平与安宁做出了自己的贡献。该简文弥补了史料对少夫公主记载的不足，为研究西汉时期的汉乌关系以及乌孙史提供了第一手资料，具有重要的史料价值。现藏甘肃简牍博物馆。

简牍释文

· 右乌孙公主女少夫遗质子马一匹，牡。

简文大意

简文记载内容为细君公主与乌孙昆弥军须靡所生的女儿少夫公主，送给质子一匹牡马。史籍中只记载了少夫公主之母，对于少夫公主的生平再无只言片语。由该简记载的"遗质子"可知，少夫公主长大成人后，和其母亲细君公主、解忧公主一样，一直活跃在西域。

阅牍延伸

古从军行

[唐]李颀

白日登山望烽火，黄昏饮马傍交河。
行人刁斗风沙暗，公主琵琶幽怨多。
野云万里无城郭，雨雪纷纷连大漠。

胡雁哀鸣夜夜飞,胡儿眼泪双双落。
闻道玉门犹被遮,应将性命逐轻车。
年年战骨埋荒外,空见蒲桃入汉家。

很多人会以为"琵琶幽怨多"的公主是最擅长弹琵琶的王昭君,这是因为"昭君出塞"圆满完成了"胡汉和亲"的伟大使命而成为我国的一段千古佳话。实则这位"幽怨多"的公主指的是汉朝第一位和亲乌孙的公主——刘细君。汉朝公主为何远嫁西极乌孙,这一切还得从武帝"断匈奴右臂"的战略计划说起。

敦煌莫高窟第 112 窟阮和琵琶演奏壁画

秦末汉初之际，我国北方草原上的匈奴部落在冒顿单于的带领下势力大增，建立了一个庞大的匈奴帝国。每到秋高马肥之时，匈奴就会越过汉朝北方边境，劫掠人口、牲畜并践踏庄稼，对西汉北方边郡的安全造成了极大的威胁。公元前141年，此时的西汉经过一段时期的休养生息后国力殷富、兵强马壮。该年，十六岁的汉武帝刘彻登上了帝位。鉴于西汉的综合国力已经大大增强，汉武帝刘彻决定以武力反击匈奴。然而反击匈奴并非易事，需要结交实力强盛的西域盟国。此时的西域诸国之中，面积较大、实力较强的是乌孙国。据《汉书·西域传》记载："乌孙国，大昆弥治赤谷城，去长安八千九百里。户十二万，口六十三万，胜兵十八万八千八百人。……不田作种树，随畜逐水草，与匈奴同俗。"汉武帝派张骞第二次出使西域的主要目的就是为了联络乌孙，与之建立盟国关系。

随张骞抵达长安的乌孙使者回国后，将西汉军事强硬、财力雄厚的信息报告给了乌孙昆弥，乌孙昆弥便开始考虑加强与西汉的关系，提出"愿得尚汉公主，为昆弟"。由于武帝喜爱良马，乌孙昆弥便以千匹良马作为聘礼，请求迎娶汉家公主。元封六年（公元前105年），汉武帝答应了乌孙王的请求，下诏"遣江都王建女细君为公主，以妻焉"。于是，罪臣江都王刘建的女儿刘细君被选为和亲公主远嫁乌孙。乌孙昆弥以千匹良马为聘，汉武帝也为和亲公主准备了丰盛的嫁妆。据《汉书·西域传》记载："赐乘舆服御物，为备官属宦官侍御数百人，赠送甚盛。"

刘细君生在钟鸣鼎食之家，长于温柔富贵之乡。不料父亲因叛乱未遂畏罪自杀,母亲以同谋罪被斩,家族也因此被牵连。彼时正值细君年幼之际,坎坷不幸的身世造就了她多愁善感的性格。而她却又要作为第一位和亲乌孙的公主,离开故土去一个遥远而又一切未知的地方。相传细君公主从江都到长安的途中,行经今安徽灵璧时,停车驻足,手抚一块巨石,回首瞭望故乡,因久久不愿离去,以至于在巨石上留下了手印。这枚手印后来经匠人摹刻,成为一方景观,名为"灵璧手印"。由此可见细君公主当时内心的不舍与无奈。

  细君公主到达乌孙后,与乌孙昆弥猎骄靡举行了盛大的跨国婚礼。乌孙工匠为她营建了独立的居所,细君公主也深知自己肩负着守护大汉边疆安宁的使命,并一直为此努力。在"岁时一再与昆莫会,置酒饮食,以币帛赐王左右贵人",用汉武帝所赏赐的丰厚嫁妆,尽力去疏通乌孙国内的上下关系。匈奴在听到汉武帝派细君公主和亲乌孙王后,也立即送匈奴公主联姻乌孙王。在乌孙国,细君公主被封为右夫人,而匈奴公主则为左夫人。乌孙与匈奴相同,以左为尊,可见匈奴公主地位在汉家公主之上。和亲公主的地位是由"娘家"势力决定的,这也说明当时匈奴在西域的势力要大于汉朝。

  然而不久后,乌孙昆弥猎骄靡深感年事已高,便想令细君公主改嫁给自己的孙子兼王位继承人岑陬军须靡。按照乌孙风俗,子孙可以在父祖死后娶其继母、继祖母为妻,弟亦可娶其寡嫂为妻。但这对于深受汉文化熏陶的细君公主而言,有违伦理道德,是一种莫大的耻辱。细君公主的内心难以接受,于是上书汉武帝说明情况。最终，她还是不得不遵从汉武帝"从其国俗"的指示。为了顾及西汉与乌孙联合对抗匈奴的大局，细君公主改嫁军须靡为妻。其后细君公主为军须靡生下一女，名少夫。从名字来看，"少夫"当为汉名，可能是细君公主为女儿所取。根据悬泉汉简简文"右乌孙公主女少夫遗质子马一匹"可知，少夫公主后来平安长大，与母亲细君公主一样为西域的安宁贡献自己的力量。

生长在南方的细君公主，身处"天苍苍、野茫茫，风吹草低见牛羊"的塞外边陲，满耳只闻胡语，常感孤寂郁闷。或许她会时常想起自己作为罪臣之女的辛酸身世，感慨命运的无可奈何；又或许日有所思，夜有所梦，常常梦见江都绮丽的景色以及长安繁华的市井。《汉书·匈奴传》曾有记载："昆莫年老，语言不通，公主悲愁，自为作歌曰：

> 吾家嫁我兮天一方，
> 远托异国兮乌孙王。
> 穹庐为室兮旃为墙，
> 以肉为食兮酪为浆。
> 居常土思兮心内伤，
> 愿为黄鹄兮归故乡。"

碍于言语不通、饮食不惯，加之强烈的思乡之情，细君公主于汉武帝太初四年（公元前 101 年）在乌孙病逝。虽然细君公主没能顺利地融入乌孙，但她在一定程度上帮助汉朝达到了联合乌孙、遏制匈奴的目的。

　　细君公主可能不是一位杰出的"外交家",但她在文学和音乐上的成就却对后世影响深远。她的《悲愁歌》情切切、意绵绵,言辞似子规啼血,令人黯然神伤,后被收入《玉台新咏》等诗集中并被视为最早的边塞诗杰作。细君公主又精通乐理,相传乐器琵琶就是她所创。如晋人傅玄在《琵琶赋·序》中称:"汉遣乌孙公主,念其行道思慕,使知音者裁琴、筝、筑、箜篌之属,作马上之乐。"唐代的《乐府杂录》中记载:"琵琶,始自乌孙公主造。"将琵琶的创制直接归功于细君公主。而唐人李颀《古从军行》中的"公主琵琶幽怨多"则是写尽了当年如泣如诉的细君公主出塞之声。

新疆乌孙古道秋景

细君公主的一生饱尝荣宠与辛酸。少时由藩国郡主沦为罪臣之女，后又成为汉家公主，最后变成乌孙王夫人。细君公主为西汉边疆稳定及民族团结，做出了巨大的牺牲和贡献。如今在新疆伊犁昭苏县乌孙山上的细君墓是草原上最醒目的地标之一，而细君公主长眠伊犁河畔也已达两千余年。

参考文献

班固：《汉书》，北京：中华书局，1962年。

武金峰：《试论西汉王朝与乌孙的和亲政策》，《伊犁师范学院学报》（社会科学版）1996年第4期。

俞明：《细君、解忧公主和亲述论》，《江苏社会科学》2003年第5期。

李倩：《细君公主和亲乌孙对汉文化的影响》，《广西职业技术学院学报》2012年第5期。

"简"读中国 敦煌汉简里的丝绸之路

解忧公主嫁乌孙

文物简介

木简一枚
出土编号：Ⅱ90DXT0113③:65
1990年出土于敦煌悬泉置遗址
长23.5厘米，宽1厘米，厚0.25厘米
木简完整，字迹清晰

　　该简为汉宣帝甘露二年（公元前52年），长罗侯常惠与乌孙公主给朝廷的上书经过悬泉置传递时的记录。史书记载和亲乌孙的汉家公主有两位，其一为江都王刘建之女刘细君，其二为楚王刘戊的孙女刘解忧。公元前101年细君公主病逝，那么此简中的"乌孙公主"，即为汉武帝时期和亲乌孙的解忧公主。此外因解忧公

主在乌孙时间较长,被乌孙人尊称为国母,《汉书》也多以"乌孙公主"指代解忧公主。根据此简记载,长罗侯常惠和解忧公主的上书由驿骑传递,这在当时是速度最快的邮书传递方式,可见其二人给西汉朝廷上书的急迫性。由此亦可见和亲乌孙的解忧公主,在西汉与西域诸国的外交中扮演了重要的角色。该简文记载的内容是研究汉乌关系以及丝路沿线诸国历史的第一手资料,同时对研究汉代的邮书传递也具有重要的史料价值。现藏甘肃简牍博物馆。

简牍释文

上书二封。其一封长罗侯,一乌孙公主。甘露二年二月辛未日夕时受平望译(驿)骑当富,县(悬)译(驿)骑朱定付万年译(驿)骑。

简文大意

该简文记载内容为甘露二年二月十二日傍晚时,平望驿的驿骑当富,将长罗侯常惠与解忧公主给朝廷的上书,传给了悬泉驿的驿骑朱定,随后朱定又快马加鞭转交给了万年驿的驿骑。

甘露元年(公元前53年),乌孙国内乱,乌孙昆弥翁归靡与匈奴公主之子乌就屠袭杀狂王泥靡,自立为乌孙昆弥,汉宣帝派遣破羌将军辛武贤率兵一万五千人至敦煌,准备平息叛乱。在解忧公主侍女冯夫人的劝说下,乌就屠同意让位,于是西汉立解忧公主之子元贵靡为大昆弥,乌就屠为小昆弥,均赐汉印绶。长罗侯三校人马屯田赤谷,保护其地界人民。此时,解忧公主和常惠随时有很多重要军情需要上报朝廷。这就是这枚木简中提及的两封上书的背景。

阅牍延伸

塞下曲四首·其一
[唐] 常建

玉帛朝回望帝乡，乌孙归去不称王。
天涯静处无征战，兵气销为日月光。

匈奴是我国古代北方以游牧习猎为生的民族，每到秋冬之际便叩关南下，严重威胁着西汉北方边郡的安全。后元三年（公元前141年），汉景帝刘启病逝，汉武帝刘彻登基。此时汉朝国力昌盛，汉武帝决定以武力反击匈奴，同时希望联合西域实力强盛的势力，对匈奴形成夹击之势。于是，汉武帝开始关注匈奴之西、乌孙以南、葱岭以东的西域诸国。

乌孙位于今中亚伊塞克湖一带，距离匈奴最近。都城赤谷城在今吉尔吉斯斯坦伊塞克湖东南伊什提克一带，驻牧范围在今天山以北整个伊犁河流域。西汉时期乌孙国人口多达六十三万，为西域诸国中第一大国。于是汉武帝便提出"欲与乌孙共灭胡"的战略计划，元狩四年（公元前119年）汉武帝派张骞第二次出使西域就是为了联络乌孙一起对抗匈奴。

汉武帝元封六年（公元前105年），乌孙昆弥猎骄靡遣使与汉朝交好，并以千匹乌孙良马为聘礼希望迎娶汉朝公主。之后江都王刘建之女刘细君和亲乌孙，为右夫人。不久，因猎骄靡年迈，细君公主改嫁猎骄靡之孙军须靡，由于语言不通、思念故土，几年后在乌孙郁郁而终，客死他乡。细君公主去世的同一年，乌孙昆弥军须靡再次向汉朝请婚。为延续西汉与乌孙联盟"断匈奴右臂"的计划，汉武帝封楚王刘戊的孙女刘解忧为公主，和亲乌孙。

解忧公主自长安以武帝之女的身份拜别亲友后，和亲使团便踏上了西行的道路。这支送亲队伍离开长安，出潼关，翻秦岭，穿过狭长的河西走廊。经过长达半年的行程，汉武帝天汉元年（公元前100年），解忧公主到达乌孙。这是一个与长安完全不一样的地方，而此时的解忧公主才不过二十一岁。婚后解忧公主延续细君公主为右夫人，匈奴公主依旧为左夫人，后者与乌孙王生有一子名泥靡。细君公主和军须靡所生的女儿少夫，则归解忧公主抚养。

汉武帝太始四年（公元前93年），乌孙昆弥军须靡去世。因其子泥靡尚幼，尚未能担任乌孙昆弥一职，在解忧公主和右大将等势力的周旋下，军须靡的堂弟翁归靡即位，号称肥王。之后解忧公主又按乌孙习俗嫁给新上任的肥王。翁归靡曾跟随汉使张骞到过长安，见识过强盛的汉朝、繁华的长安城以及辉煌灿烂的汉文化。解忧公主与翁归靡婚后生下三男两女。此时，乌孙与西汉之间交流密切。西汉的影响力远播到了天山南北，西域诸国都与西汉交好。肥王在位期间，乌孙和汉形成了联盟共抗匈奴，大

解忧公主画像

汉边界安稳无患。

汉昭帝元平元年（公元前74年），由于战争不断，西汉的国力已不如武帝时期强盛，而匈奴对于亲汉的乌孙国积怨已久。于是在这一年，匈奴壶衍鞮单于调遣数万匈奴大军冲进乌孙国腹地，吞并了乌孙国东部的恶师（今新疆乌苏一带）、车延（今新疆沙湾一带）等大片国土，大肆掳掠。壶衍鞮单于派特使到乌孙国，威逼乌孙昆弥归属匈奴并交出解忧公主。随着匈奴大军逐渐逼近，为了阻止对方进入赤谷城，乌孙王廷内部的亲匈奴派主张立马交出解忧公主，结束这场战事。在形势如此严峻的情况下，解忧公主依然临危不惧。她一边劝说乌孙王公大臣要相信汉乌联盟的力量，一边与翁归靡上书西汉朝廷请求出兵,并说服翁归靡征发国内精兵五万,集合汉乌双方兵力大举征讨匈奴。但天有不测风云,正当西汉朝廷"议欲击匈奴"时,汉昭帝驾崩,救援乌孙之事也随之搁浅。面对乌孙国的内忧外患,解忧公主力排众议,调动一切力量抗击匈奴。因乌孙的顽强抵抗,致使匈奴大军始终不能进入伊犁河谷,乌孙国民心于是逐渐安定。

本始二年(公元前72年),汉宣帝刘询派遣熟悉西域诸国的常惠出使乌孙了解情况。常惠带着乌孙使者返回长安,解忧公主和翁归靡通过他上书宣帝,请求汉廷出兵与乌孙国共同抗击匈奴。次年,汉宣帝派遣五路大军,分别由祁连将军田广明率四万骑兵,蒲类将军赵充国率三万多骑兵,虎牙将军田顺率三万多骑兵,度辽将军范明友率三万多骑兵,前将军韩增率三万多骑兵,自西河郡、酒泉郡、五原郡、张掖郡、云中郡出塞,抗击匈奴。而乌孙昆弥翁归靡则披挂亲征,常惠持符节指挥乌孙兵。汉与乌孙共发动二十余万大军出击,匈奴军死伤惨重,从此一蹶不振。此战一改汉昭帝即位以来在战略上的守势,收回了被匈奴侵夺的土地,汉朝的声威也因此传遍西域。

本始四年(公元前70年)冬,匈奴壶衍鞮单于调集剩余兵力卷土重来,亲自率领一万铁骑偷袭乌孙,而后在乌孙军队的奋勇反抗下再次败亡,在逃离途中又遭遇强风暴雪,最终所存者十不足一。在此情况下,乌孙国联合其北方的丁零、东方的乌桓,共同夹击匈奴。匈奴壶衍鞮单于带领残部疲于奔命,无暇顾及属国,许多属国从此独立。

汉代"单于天降"瓦当，西安秦砖汉瓦博物馆藏

乌孙国为进一步加强与西汉的紧密关系，元康二年（公元前64年），翁归靡上书汉宣帝，请求立解忧公主的儿子元贵靡为王储，并以乌孙国盛产的良马和骡各千匹作为聘礼，为元贵靡求娶汉朝的公主。汉宣帝同意翁归靡的请求后，选解忧公主的侄女刘相夫为和亲公主，由常惠护送刘相夫前往乌孙和亲。汉宣帝神爵二年（公元前60年），送亲队伍行至敦煌境内正准备出塞时，得知翁归靡突然病逝，而上代乌孙王遗嘱中的王位继承人——军须靡和匈奴公主的儿子泥靡，在乌孙国贵人的扶持下成为新昆弥，号称狂王。事已至此，西汉朝廷便召回了停留在敦煌的和亲公主刘相夫。

按照乌孙国的旧俗，解忧公主不得不再次改嫁泥靡。狂王即位后亲匈奴，囚禁解忧之子元贵靡。此时的解忧已不再是个不谙世事的少女，知道若不采取行动，自己苦心经营的边疆安宁便会毁于一旦。在不便于联系汉使的情况下，侍女冯嫽便成为解忧公主与汉使卫司马魏和意、副侯任昌之间的传话人。为了不让大汉在乌孙的信誉受到影响，为了自己和儿子元贵靡的处境转危为安，匈奴内部的好战势力再没有庇护所，为了大汉、匈奴、乌孙的和平，解忧公主决定刺杀狂王。汉宣帝五凤四年（公元前54年），解忧公主在帐中设宴邀请狂王，当狂王放松警惕后的刹那间，刀剑出鞘，但未刺中他的要害。狂王逃走，奔赴北山向匈奴求救。狂王的儿子细沈瘦在得知这一情况后，率兵将解忧公主等众人围困于赤谷城内，乌孙国陷入混乱。数月后才由西域都护郑吉联合调集西域诸国的军队解除包围。

汉宣帝甘露元年（公元前53年），乌孙国内发生动乱，肥王的另外一个儿子乌就屠趁乱杀死狂王，并自立为昆弥。于是汉宣帝刘询下令命破羌将军辛武贤率领一万五千兵马驻扎在敦煌，准备随时讨伐乌就屠。西域都护郑吉考虑到汉军路途遥远、兵疲马惫，此战胜负难以预料，建议汉宣帝遣使者与乌就屠进行谈判。解忧公主的侍女冯嫽曾以使节的身份代表解忧公主访问邻国，且冯嫽是乌孙右大将的妻子，而右大将又与乌就屠交好。于是郑吉派冯嫽去找乌就屠谈判。在知晓利害关系后，乌就屠愿让位于解忧公主之子元贵靡。最后汉宣帝封元贵靡为大昆弥，封乌就屠为小昆弥，由常惠授予印章。

至此，在乌孙大昆弥元贵靡的带领下，汉乌关系日益密切，乌孙国内部的风波也暂时告一段落。

本节人物关系图

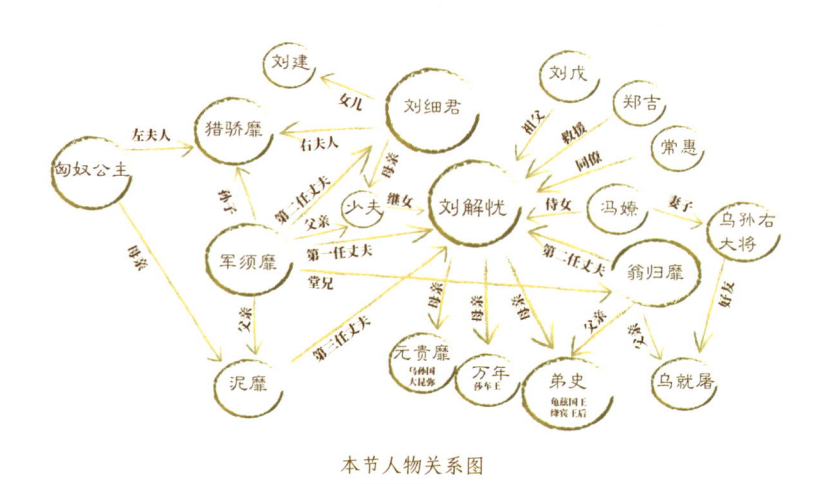

参考文献

姚景洲、李艳华：《解忧公主与汉代西域初探》，《东南文化》2000年第3期。

何海龙：《从悬泉汉简谈西汉与乌孙的关系》，《求索》2006年第3期。

黎虎：《和亲女的常驻使节作用——以汉代为中心》，《江汉论坛》2011年第1期。

解忧公主回家

文物简介

木简一枚
出土编号：V92DXT1412③:100
1992年出土于敦煌悬泉置遗址
长23厘米，宽1.4厘米，厚0.3厘米
木简完整，字迹清晰

该简是汉宣帝甘露三年（公元前51年）朝廷为护送解忧公主等人返回长安的官吏下发的传信，要求沿途各驿站按律进行接待。简文中的"乌孙公主"是指汉武帝时期和亲乌孙的解忧公主。简文中的"有请诏"，说明此传信的内容已由大臣奏请皇帝并获得批准。据《汉书·西域传》记载："公主上书言年老土思，愿得归骸骨，葬汉地。天子闵

V92DXT1412③:100

而迎之，公主与乌孙男女三人俱来至京师。是岁，甘露三年也。"正是由于甘露三年解忧公主上书汉宣帝请求归汉地，得到恩准后，朝廷下发的传信中才会有"有请诏"的记载。解忧公主在乌孙生活的半个世纪内，致力于西汉与西域诸国的友好往来。在完成使命后，解忧公主回到了长安。她是中国历史上和亲公主中唯一一位回到故土的公主。该简文为研究西汉时期的汉乌关系、公文管理制度以及悬泉置的传舍制度提供了第一手资料，具有重要的史料价值。现藏甘肃简牍博物馆。

简牍释文

甘露三年十月辛亥，丞相属王彭护乌孙公主及将军、贵人、从者道上。传车马为驾二封轺传，有请诏。御史大夫万年下谓成，以次为驾，当舍传舍如律令。

简文大意

该简文记载甘露三年十月初一，经大臣奏请，汉宣帝同意后，御史大夫陈万年下发了一封传信。要求从长安以西的第一站开始，沿途的各驿站均要按律为由丞相属王彭护送的乌孙公主、将军、贵人、从者等一行人，提供食宿和二封轺传的接待。

结合《汉书》中的记载，解忧公主向汉宣帝上书请求归汉地，随后解忧公主与乌孙男女三人至京师，说明该简中记载的将军、贵人等或即在"乌孙男女三人"之列，而其中可能就有解忧公主的孙辈，这也是汉乌友好往来的见证。

阅读延伸

解忧公主的一生充满了坎坷与变故。尚未出生，祖父刘戊因参与"七王之乱"兵败自杀，家族从此败落，成为罪臣之后；而后远嫁乌孙，政治联姻本就充满辛涩，与翁归靡的结合也算是琴瑟和鸣，但是刚平定匈奴还没过几年安稳的日子，丈夫便不幸去世，可谓"中年丧偶"，之后改嫁继子狂王，但二人关系并不和睦；平息乌孙内乱后，儿子登上王位，在这之后的两三年的时间里，一切终于风平浪静，谁承想却又是白发人送黑发人。这一次，她失去了继续待下去的希望。

汉宣帝甘露三年（公元前51年）解忧之子元贵靡离世后，其子星靡继位。这时，解忧公主认为自己完成了在乌孙的使命，思乡之情也日益浮上心头，于是她上书汉宣帝，"言年老土思，愿得归骸骨，葬汉地"。情词哀切，天子为之动容。在接到汉宣帝批准回乡的消息后，解忧公主便和冯嫽一行人向着心心念念的故乡出发了。

根据悬泉汉简中护送解忧公主归京的内容可知，跟随解忧公主一同回京的有乌孙将军和乌孙贵人，即史料记载的解忧公主与"乌孙男女三人俱来至京师"。解忧公主回到了阔别半个世纪的长安，汉宣帝"闵而迎之"。红颜离家，皓首归来，此时的解忧公主已从一个风华正茂的皇室贵女变成垂垂老矣的西域妇女。她的牺牲和贡献换来了汉朝、乌孙以及匈奴边界多年的和平，汉朝的威名也传遍了西域。解忧公主回长安后享公主之尊位，两年后病逝，享年七十二岁。汉宣帝下令以公主之仪将她安葬。直到解忧公主去世十六年后，汉元帝效仿汉武帝的和亲政策，这才有了我们熟知的"昭君出塞"的故事。

　　解忧公主在乌孙不断突破重围，架起西汉和西域诸国联系的桥梁。解忧公主的长子元贵靡被拥立为乌孙王储，虽中途有变，

［明］仇英《明妃出塞图》，故宫博物院藏

但最终还是成为乌孙国的大昆弥；西域小国莎车的国王去世无人即位时，隆重迎接了解忧公主的次子万年为国王，是因为他们特别看重万年有一半汉家血统；龟兹国王绛宾也在几经努力后，求得解忧公主的长女弟史为王后，并深以汉家外孙女婿为荣。有学者提出，在效仿中原的习俗方面，龟兹、莎车走在前列，这恐怕与解忧公主及其子女做出的努力是分不开的。解忧公主凭借自己的能力，影响了三个国家的命运和前途，也让汉朝在西域的影响力逐渐提升。

据史料记载，在汉宣帝五凤年间（公元前57年—前54年），解忧公主还有侍子在长安，汉宣帝曾派卫司马魏和意、副侯任昌送侍子回乌孙国。"侍子"是指古代诸侯或属国之王所遣入侍天子之子。西域各国所派遣的侍子是西域文化以及汉文化传播的媒介。据《汉书·陈汤传》记载，乌孙国冶铁技术较为落后，"兵刃朴钝，弓弩不利"，后来"颇得汉巧"，铁兵器才有了较大改进。考古学家在伊犁河流域发现了大量两汉时期的乌孙墓葬。如在新疆昭苏县曾发掘出一座乌孙墓葬，其年代相当于西汉，该墓葬形制与战国、秦汉时期内地的墓葬较为相似。木椁和墓室曾使用过铲、斧、凿、刨、锯等工具进行加工，可见当时乌孙人已大量使用铁器。另外在新疆昭苏乌孙墓葬中曾出土一件陶罐，圆唇小口，底小腹鼓，是汉代陶罐常见形式。可见西汉时汉文化对乌孙国的影响已深入社会生活的各个方面。

解忧公主在历史上的作用，正如赵朴初先生在《塞鸿秋》词中所颂扬的：

> 漫等闲帝女乌孙嫁,
> 长留着王子金杯话。
> 为的是和亲民族安戎马,
> 为的是交欢琴瑟传文化。
> 重任付儿家,
> 雪岭冰川跨。
> 论功勋岂在萧房下?

自汉武帝太初四年(公元前101年)解忧公主远嫁乌孙国,至汉宣帝甘露三年(公元前51年)返回京师长安,解忧公主在乌孙生活的五十年间,始终坚守着自己的使命。在这五十年内,解忧公主饱尝了身处异国他乡的乡愁和塞外草原的风霜,历经了王位的更替、屡次改嫁以及凶险的王廷争斗。她为巩固西汉与乌孙国的联盟以及发展与西域诸国的友好往来关系,为守护西汉边疆的安宁做出了卓越贡献。

唐人张籍在《送和番公主》诗中说道:"九姓旗幡先引路,一生衣服尽随身。毡城南望无回日,空见沙蓬水柳春。"虽然和亲公主的身份尊贵无比,送亲队伍的气势浩浩荡荡,但是携带着穷极一生的衣物,往往再也无法回归故土。两位远嫁乌孙国的汉家公主用她们单薄的肩膀扛起西汉与盟国共抗匈奴的重任,对西汉边疆安宁以及将西域邦国纳入西汉版图的进程起到了至关重要的作用。2005年,两位公主的故乡江苏省,在昔日的乌孙国腹地新疆伊宁市,援建了一座汉家公主纪念馆。两位汉家公主命

新疆伊宁汉家公主纪念馆

运相似而性格不同,她们或许在现实中从未见过面,但彼此精神相连,以渺小的一己之身承担起重要的历史使命,为民族的融洽、丝路的发展做出巨大的贡献,我们应该铭记她们的功绩和名字——细君与解忧。

参考文献

班固:《汉书》,北京:中华书局,1962年。

胡昭静:《西汉细君公主、解忧公主、冯夫人和戎事》,《文史知识》1981年第3期。

王庆宪:《匈汉争夺中活跃在西域的三位汉家公主》,《云南师范大学学报》(哲学社会科学版)2003年第3期。

王聪延:《解忧公主在西域及其历史奉献》,《兵团党校学报》2021年第4期。

"简"读中国 敦煌汉简里的丝绸之路

冯夫人锦车持节

文物简介

木简一枚
出土编号：Ⅱ90DXT0115③:96
1990年出土于敦煌悬泉置遗址
长23.5厘米，宽1.6厘米，厚0.2厘米
木简完整，字迹清晰

该简是悬泉置保留的汉宣帝甘露二年（公元前52年）鱼离置为冯夫人一行提供的马匹以及饲料供应费用明细。简文中的"鱼离置"是敦煌郡下属的九个驿站之一，是汉朝使者西行到达悬泉置的前一站。"冯夫人"是解忧公主的侍女冯嫽。据史料记载，甘露元年（公元前53年），肥王翁归靡之子乌就屠趁乱杀狂王，自立

为昆弥。汉乌联盟岌岌可危,于是西汉朝廷派遣破羌将军辛武贤将兵万五千人至敦煌,准备讨伐乌就屠。在此紧急关头,冯夫人只身前往劝降乌就屠。事情和平解决后,"破羌将军不出塞还"。冯夫人在处理这场乌孙内乱事件中,起到了关键性的作用。这枚出自敦煌悬泉置遗址的珍贵汉简是西汉女外交家冯嫽锦车持节,作为汉朝正使奔赴乌孙路过悬泉置的第一手实物资料。该简文对研究冯嫽出使西域、汉代的邮驿制度以及西汉与乌孙的关系具有重要的史料价值。现藏甘肃简牍博物馆。

简牍释文

甘露二年二月庚申朔丙戌,鱼离置啬夫禹移县(悬)泉置,遣佐光持传马十匹,为冯夫人柱。廪积麦小卅二石七斗,又茭廿五石二钧。今写券墨移书到,受薄(簿)入,三月报,毋令缪(谬),如律令。

简文大意

该简文记载,甘露二年二月初一,冯夫人在路过敦煌郡下属的鱼离置、前往悬泉置时,鱼离置啬夫禹派遣副手光用十匹传马为冯夫人驮运东西,消耗麦三十二石七斗,茭草二十五石二钧。鱼离置和悬泉置商洽三月如何上报核销接待冯夫人时使用的马匹和草料的开销账目问题。

结合史书记载,在冯嫽劝降乌就屠放弃昆弥之位后,汉宣帝诏令冯嫽回长安了解情况,并商议元贵靡和乌就屠封号等相关事项。冯嫽在甘露二年二月下旬至四月中旬不足两个月的时间内，从敦煌郡出发抵达长安，又从长安出发前往乌孙处理大小昆弥分立之事。而在路过悬泉置时，啬夫弘迎接了冯夫人等一行人。

阅牍延伸

无双谱·其二十六
〔清〕金古良

侍女才标锦车使，知书巾帼若麒麟。
图形未得传名阁，英杰何消问出身。
彤笔天生美仪态，文星德缀妙红唇。
钑牟如易当年史，堪是云中第几人？

太初四年（公元前101年），和亲乌孙昆弥的汉家公主刘细君不幸病逝，为延续汉乌联盟以实现"断匈奴右臂"的战略计划，汉武帝又册封了楚王刘戊的孙女刘解忧为公主和亲乌孙。与解忧公主一同前往乌孙的，还有后来被人们尊称为冯夫人的侍女冯嫽。据《汉书·西域传》记载："初，楚主侍者冯嫽能史书，习事，尝持汉节为公主使，行赏赐于城郭诸国，敬信之，号曰冯夫人。为乌孙右大将妻，右大将与乌就屠相爱。"可见冯嫽不仅是解忧公主的侍女，也是解忧公主在乌孙国的得力助手，后来又成为乌孙右大将的妻子，在协助解忧公主联络西域各国的外交中发挥了至关重要的作用。

冯嫽随解忧公主到乌孙时，发现此时的西域诸国，除乌孙国实力较为强盛外，其余各国基本上都在匈奴的控制下。相较实力强大的匈奴，西汉朝廷处于被动的局面。冯嫽很快意识到要想打破这种僵局，就需要团结周边的诸国。于是与解忧公主商议过后，她以乌孙国为根据地，并以解忧公主使者的名义巡视周围的邦国。她既是公主的侍女，又充任公主的女官，代替解忧公主到西域诸国执行和平外交使命。随着冯嫽出使的邦国增多，她也得到了诸国君民的信赖，被尊称为"冯夫人"。冯嫽以使节的身份巡行他国的活动，加深了西域人民与乌孙和汉朝的友好联系，对繁荣乌孙经济、文化，抗拒匈奴侵略起了不小的作用。

西汉塑衣式彩绘直立侍女俑，汉景帝阳陵博物院藏

冯嫽除出使西域各邦国外，还积极协助解忧公主推动汉与乌孙关系的友好发展。汉宣帝神爵二年（公元前60年），肥王翁归靡病逝，但他所立的王储元贵靡并未能顺利即位。当乌孙贵族拥戴岑陬军须靡之子泥靡即位时，这一变故令汉廷大失所望，当初双方的和亲约定也在一片愤

怒声中烟消云散。狂王亲匈奴，又性情暴虐，即位后，他囚禁了元贵靡，并派人监视解忧公主。此时的冯嫽便成为解忧公主与汉使之间的联络人。解忧公主与汉使卫司马魏和意、副侯任昌密谋刺杀狂王，但是宴会上刺杀狂王的行动却没有成功，随后狂王的儿子细沈瘦将解忧公主等一行人围困于赤谷城内，数月后经西域都护郑吉带兵援救才解除了危机。正当乌孙局势陷入一片混乱之中时，翁归靡的另外一个儿子乌就屠在匈奴的支持下趁乱杀死了泥靡，自立为昆弥，此时的乌孙极有可能抛弃汉乌联盟。在这千钧一发之际，汉宣帝派破羌大将军辛武贤统领精兵一万五千人屯驻于敦煌，随时准备讨伐乌就屠。

　　郑吉认为汉军兵马疲惫、胜负难测，想到乌孙右大将与乌就屠的私交甚好，冯嫽又是右大将的妻子，于是建议冯嫽去和乌就屠谈判。冯嫽深知为打通西域、抗击匈奴，已有很多人呕心沥血。她不能让无数牺牲毁于一旦，此刻在她肩上所担负的是汉乌双方人民的安定和希望。于是，冯嫽在此危难之际只身前往北山会见乌就屠，她义正词严地将眼前的形势及利害关系向乌就屠一一摆明。《汉书·西域传》记载此事曰："都护郑吉使冯夫人说乌就屠，以汉兵方出，必见灭，不如降。"在得知汉朝军队已奔赴敦煌随时待命出击，而国民又对自己甚感不满的情况后，乌就屠十分恐慌，提出了"愿得小号"的请求，让出了乌孙大昆弥之位。就这样，冯嫽凭借自身的胆识圆满地完成了劝降任务，化解了汉乌之间的对立局面。

　　身处长安的汉宣帝急召冯嫽回朝汇报乌孙的政局情况。从随嫁乌孙到被征召而回，冯嫽已阔别长安四十余年。怀着沉甸甸的乡愁，她踏上了回乡之路。一路自伊犁河畔出发，沿天山南麓，穿过河西走廊，终于抵达长安。汉宣帝召见冯嫽询问了乌孙情况后，决定派使臣进一步巩固汉乌关系。冯嫽表明了愿为汉乌联盟尽心尽力的决心，汉宣帝于是"遣谒者竺次、期门甘延寿为副，送冯夫人。冯夫人锦车持节，诏乌就屠诣长罗侯赤谷城，立元贵靡为大昆弥，乌就屠为小昆弥，皆赐印绶。破羌将军不出塞还"。此次册封，是汉乌关系史上的大事，标志着乌孙由原先的盟国变成了西汉的属国。这也促使之后西域各邦国陆续归入西汉的版图。冯嫽在解决这次乌孙国内部的纷争以及稳定乌孙的政局中起到了关键性的作用。

甘露三年（公元前51年），解忧公主向汉宣帝上书，希望能归葬在汉朝土地上。汉宣帝派人将解

冯嫽画像

忧公主和冯嫽一起接回长安。然而她们回到长安不久，乌孙政治局势的再次发生变故，使本已平静的汉乌关系又平添了几分紧张的气氛。究其缘由，是因为元贵靡的儿子星靡继承王位后，缺乏治国的经验，给了乌孙国内的亲匈奴势力可乘之机，乌孙国内又出现了纷争。西汉朝廷多年来在西域的苦心经营再次面临着危机。

此时本该尽享天伦之乐的冯夫人，在得知这一消息后万分焦急。因为没有谁比她更明白，汉乌之间的友好关系是经受多少磨难与艰辛才换来的。于是，她毅然上书请求再次出使乌孙。汉宣帝虽然因冯嫽年事已高而有所顾虑，但事实上朝廷内外文武百官中没有人比她更熟悉乌孙的情况，此任也非她莫属，所以最后汉宣帝派士卒百名护送冯嫽重返乌孙。这位白发苍苍的老妇人以汉使者的身份再次出现在西域大地上，投身于那没有硝烟的外交战场，竭尽全力协助星靡治理国家。后来考虑到星靡年幼且经验不足，都护韩宣上奏朝廷，请求赐予乌孙大吏、大禄、大监金印紫绶，以辅佐星靡处理政务，汉廷即时予以批准。在冯嫽的指挥下，乌孙国内的局势逐渐稳定了下来，西汉与乌孙国的友好关系也得以继续保持。此事之后冯嫽是否得以平安返回长安，我们无法知晓。但是我们知道冯夫人以年迈的身躯再次撑起汉乌两国友好发展的桥梁，她的胆识和才干也赢得了上至皇室贵族下至黎民百姓的广泛赞誉。

冯嫽的一生风雨兼程，悲喜交加。她以解忧公主侍女的身份屡次作为使节与邻国开展外交活动，在历史上有"女张良"之称。她的一生功业全在西域，"锦车使"这一典故就是因冯嫽而来。唐代的虞世南在《拟饮马长城窟》中提到"前逢锦车使,都护在楼兰"。著名历史学家蔡东藩称赞她"锦车出塞送迎忙,专对长才属女郎。读史漫夸苏武节,须眉巾帼并流芳"。作家刘萧无在《西江月·冯嫽》中吟赞曰:

多少须眉无语,偏劳婢作夫人。
西域安危系一身,何问天涯远近。

几度龙堆驰骋,几问城郭归存。
将军管钥玉门深,输尔从容一哂。

在美丽的伊犁河畔有个乌孙国,国都赤谷城内曾先后迎来两位聪慧且勇敢的汉家公主当王后。公主的侍女冯夫人持节纵横西域,撑起西汉经营西域的"半边天",成为中国第一位杰出的女外交家。

参考文献

班固:《汉书》,北京:中华书局,1962年。

郑因:《西汉女外交家冯嫽》,《烟台大学学报》(哲学社会科学版)1990年第1期。

王效为:《毕生致力于汉乌关系的女外交家冯嫽外交史话》,《兰台世界》2014年第19期。

李笔戎、李斯:《汉代女外交官的特殊使命与历史贡献》,《东方论坛》2016年第5期。

"简"读中国 敦煌汉简里的丝绸之路

长罗侯常惠出使西域

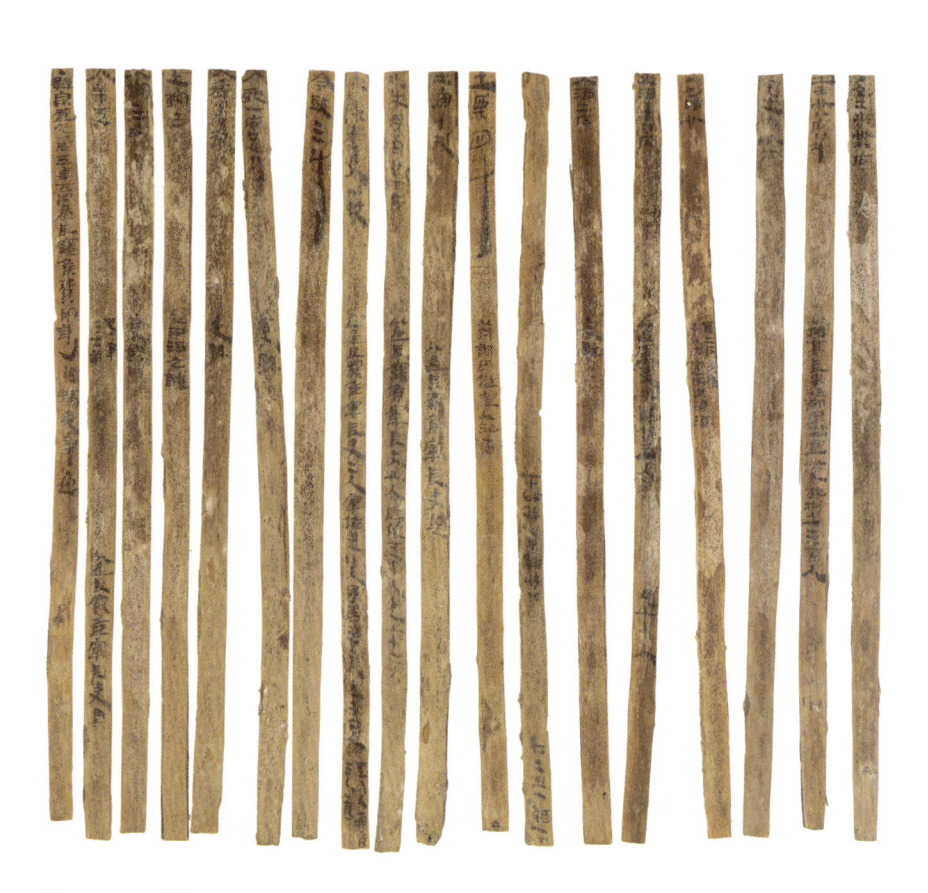

I90DXT0112③:61—78

文物简介

木简十八枚

出土编号：I90DXT0112③:61—78

1990年出土于敦煌悬泉置遗址

均长23厘米，宽0.8厘米，厚0.2厘米

木简完整，字迹清晰

  这份出自敦煌悬泉置遗址的珍贵册书，为汉宣帝元康五年（公元前61年），悬泉置接待出使西域的长罗侯常惠及其部属的食物账簿。从这份《元康五年悬泉置过长罗侯费用簿》的内容来看，悬泉置啬夫弘共接待了长罗侯率领的一行三百八十四人，其中有长史以下各级军吏八十四人，还有施刑士三百人。悬泉置啬

夫置办了牛、羊、鸡、鱼、酒、豉、粟、米各种食物，这在物资不怎么丰富的两千年前是极为丰盛的。虽然未注明该使团前往的目的地，但从其接待规格来看可见使团的等级较高。据学界研究，当与护送相夫公主前往乌孙和亲有关。该册书的出土，不仅为研究悬泉置的功能和经费物品的收支情况提供了第一手资料，更重要的是为研究西汉与西域诸国的关系，尤其是同乌孙的关系提供了重要资料，可补传世史籍之阙载。现藏甘肃简牍博物馆。

简牍释文

• 县（悬）泉置元康五年正月过长罗侯费用簿。县掾延年过。

入羊五，其二羫（羔），三大羊，以过长罗侯军长吏具。

入鞠（曲）三石，受县。

出鞠（曲）三石，以治酒之酿。

入鱼十枚，受县。

入豉一石五斗，受县。

今豉三斗。

出鸡十只（双）一枚，以过长罗侯军长史二人、军候丞八人、司马丞二人，凡十二人。其九人再食，三人一食。

出牛肉百八十斤，以过长罗侯军长史廿[二]人，斥候五十人，凡七十二人。

出鱼十枚，以过长罗侯军长史具。

出粟四斗，以付都田佐宣，以治庚（羹）。

出豉一石二斗，以和酱食施刑士。

入酒二石，受县。

出酒十八石，以过军吏廿，斥候五[十]人，凡七十人。

• 凡酒廿，其二石受县，十八石置所自治酒。

> 凡出酒廿石。
> 出米廿八石八斗，以付亭长奉德、都田佐宣以食施刑士三百人。
> • 凡出米卌八石。

简文大意

该简册记录了元康五年正月，悬泉置对出使西域的长罗侯常惠及随行的长史、军候丞、司马丞、斥候、施刑士等三百八十四人进行了接待。为了做好接待工作，悬泉置啬夫弘安排官吏进了五只羊，从效谷县得到了十条鱼和一石五斗豉，以及酿酒用的三石酒曲。用二十一只鸡、一百八十斤牛肉、十条鱼、四斗粟米做的羹、一石二斗豉做的酱和二十石的酒、四十八石米来招待长罗侯一行人。

该账簿中对过往的人数、物资开销记得很详细，但对长罗侯常惠的使命、去向等一系列问题只字未提。长罗侯常惠常年来往于中原与西域之间。据《汉书》记载，汉宣帝元康二年（公元前64年），乌孙昆弥翁归靡上书汉宣帝，打算立解忧公主之子元贵靡为王储，同时也希望能为其婚配一名大汉公主。汉宣帝特意选了解忧公主的侄女相夫作为和亲公主，让她住进上林苑专门学习乌孙的语言和习俗，之后命长罗侯常惠负责送相夫公主前往乌孙和亲。神爵二年（公元前60年），相夫公主一行刚到敦煌，就听说乌孙昆弥翁归靡逝世，乌孙贵人拥立泥靡为新王。常惠立马上书汉宣帝，准备将相夫公主先留在敦煌，自己到乌孙探究情况。最终由于泥靡成为乌孙昆弥之事已成事实，汉廷便将相夫公主接回了长安。据学界研究，该《费用簿》的记录时间当在乌孙上书请婚之后，相夫公主到敦煌之前，所以长罗侯常惠率领众人经过悬泉置可能与乌孙准备迎娶相夫公主有关。

阅牍延伸

　　苏武牧羊这个典故大家耳熟能详，但人们或许只知道苏武牧羊十九年，持节不失，却不知道，与苏武一起被囚禁了的还有一位非常重要的历史人物——长罗侯常惠。他经历了西汉武帝、昭帝、宣帝和元帝四个时期，是西汉著名的外交家，一生的功绩也全在西域，《汉书》有传。

　　常惠，祖籍山西太原。据《汉书》记载，他"少时家贫，自奋应募，随栘中监苏武使匈奴，并见拘留十余年，昭帝时乃还"。常惠虽出身贫寒，但志向远大。苏武所带的使团被匈奴抓获后，使团中的其他人都投降了，仅苏武和常惠不肯屈服，此后二人便被分开关押。汉昭帝刘弗陵即位后，汉匈关系有所缓和。始元六年（公元前 81 年）汉昭帝派使者向匈奴要求释放苏武，匈奴壶衍鞮单于却告诉汉使苏武早就死了。在关键时刻，常惠请求看守他的匈奴人一起去面见汉使，向对方说明了二人的情况，同时教给了汉使索要苏武的密计。于是汉使面见匈奴单于，说汉朝皇帝射猎时曾射中一只大雁，雁足上系有帛书，上面说苏武在北海。单于大惊失色，被迫承认，最后不得不归还被看押的苏武和常惠。这一年，常惠终于得以返回长安，汉昭帝嘉奖了常惠并授予其光禄大夫的职位。在被匈奴看押的日子里，常惠吃尽了苦头，但这也让他对匈奴内部的情况有了较为全面而深入的认知，为其日后处理汉与西域诸国的外交事务奠定了基础。

汉昭帝元平元年（公元前74年），匈奴蓄谋已久后，联合车师共同攻击乌孙。面对声势浩荡的匈奴大军，解忧公主与乌孙昆弥翁归靡联合上书，请求西汉朝廷派兵协助乌孙击退敌军。当这封信快马加鞭被送达长安时，恰逢汉昭帝驾崩，西汉朝廷无暇西顾乌孙国的军情，出兵援助乌孙之事便暂且搁缓。汉宣帝刘询继位后，因对乌孙国的情况缺乏了解，并未贸然出兵，而是决定先选派使者前往乌孙国了解相关情况。于是，熟识匈奴及西域诸国情形的常惠就成为汉宣帝派遣去往乌孙的首选人物。

汉宣帝本始二年（公元前72年），常惠出使乌孙。在解忧公主

常惠画像

的引荐下，常惠与乌孙王等王公贵人立即开始商量对付匈奴入侵的对策。乌孙昆弥翁归靡迫切地向常惠表达了想要发动国内精兵五万，与汉廷共同抗击匈奴的意愿。常惠立即派人返回汉廷，将乌孙国的情况汇报给汉宣帝，并请求汉宣帝紧急发兵。西汉朝廷在调遣兵将的同时，汉宣帝下诏封以常惠"校尉"的头衔，令其"持节护乌孙兵"。

本始三年（公元前71年），汉宣帝下达了攻击匈奴的诏令。于是汉廷派遣五位将军率领十五万骑兵，兵分五路协助乌孙抗击匈奴。同时，常惠协助乌孙昆弥翁归靡率领五万乌孙国精兵从西边出击匈奴。匈奴得知西汉朝廷此番大规模发兵后，紧急向西逃窜，恰巧中了常惠的埋伏。因匈奴提前获得消息向西逃离，西汉朝廷派遣的五路大军无功而返，而由常惠担任参谋并协调乌孙昆弥指挥的乌孙五万骑兵却大获全胜。这次汉乌在抗击匈奴方面的军事合作，标志着自汉武帝以来在西域寻求同盟以达到"断匈奴右臂"的夙愿终于实现。此次战役后，常惠因功被封为长罗侯。

本始四年（公元前70年），长罗侯常惠再次出使乌孙。汉宣帝此次交代给常惠的使命是"持金币还赐乌孙贵人有功者"。即此行有两个目的：一是奖赏乌孙征伐匈奴的功臣贵族，二是进一步巩固并延续汉乌双方抗击匈奴的联盟。

在即将离开长安时，常惠向汉宣帝提及发生在汉昭帝时期的一件旧事。西域的龟兹王曾下令偷袭并杀死了汉廷派往轮台（今新疆轮台东南）屯田的校尉扜弥（亦称拘弥）太子赖丹，并驱赶汉朝派遣的屯田士兵。虽然事后龟兹王向汉廷认错请求原谅此次的行为，因汉昭帝英年早逝，此事便被一直搁置了。常惠认为汉朝在西域苦心经营多年，已今非昔比，可借助朝廷在西域发展的势力，让龟兹为杀死屯田官员付出代价，也能达到震慑其他西域诸国的目的。但汉宣帝认为此事已搁置较久，且目前汉匈战争刚结束，不想再生事端，便直接拒绝了常惠的建议。就在此时，大将军霍光传话并暗示常惠可"便宜行事"，常惠心领神会后便向着乌孙国出发了。

当常惠带着一支五百人规模的精兵赶到乌孙，对在乌孙征伐匈奴的战役中有军功的勇士进行封赏后，他就将自己关于讨伐龟兹的计划及目的向解忧公主和盘托出，希望得到解忧公主的帮助。解忧公主也对常惠的计划表示肯定，于是，她不仅说服了乌孙昆弥翁归靡派兵协助常惠，而且立即派使者前往西域诸国商讨借兵。常惠在得到支持后便启程返回长安，在回程的途中他带领西域诸国数万人马讨伐龟兹。当数万人马逼近龟兹国时，现任龟兹王立即为上任龟兹王当年的行为道歉，并将杀害赖丹的凶手交予常惠惩处。虽然常惠违抗君令自行处置了杀害赖丹的凶手，但为汉王朝一雪前耻并宣扬了大汉国威，达到了震慑西域诸国的目的。因此，汉宣帝也并没有惩罚他。

汉宣帝地节四年（公元前66年），屯驻渠犁（今新疆尉犁西）的郑吉派遣吏卒三百人前往车师屯田。车师土地肥沃且为交通要道，是汉匈争夺的要地之一。但因匈奴发兵侵袭，郑吉率领的汉军寡不敌众，被迫退入车师城内。于是汉朝决定暂时停止在车师屯田。为使被围困在车师城内的郑吉等人能顺利撤出，汉宣帝派常惠前往营救。公元前64年，常惠率河西精骑解救了被匈奴围困在车师的郑吉以及屯田士卒，而且还带回了乌孙昆弥翁归靡的书函。翁归靡提出要立解忧公主的长子元贵靡为乌孙王储，并请求以良马、骡各千匹作为聘礼，为元贵靡迎娶一位汉家公主。

神爵元年（公元前61年）正月，常惠出使乌孙。根据《汉书》记载，汉宣帝"遣使者至乌孙，先迎娶聘"，即先行迎取聘礼。十月，常惠从乌孙返回。一起回到长安的还有一支由三百人组成的迎亲使团，从乌孙国王到太子、左右都尉、大将等高级官员，都分别派遣了使者。这次乌孙派往汉朝的使团规模之大、规格之高，实属罕见。

汉宣帝对此次的汉乌和亲做了极为细致的准备，选择了解忧公主的侄女刘相夫作为和亲乌孙的汉家公主，在上林苑置官属侍御百余人，对刘相夫进行远嫁前的各项培训。因刘相夫此时年幼，所以史书称之为"少主"。而护送少主的任务自然也就落在了对西域环境十分熟悉的长罗侯常惠的身上。神爵二年（公元前60年），常惠率领送亲队伍护送相夫公主到达敦煌时，却得知乌孙昆弥翁归靡逝世的消息，且乌孙贵族并未立汉外孙元贵靡为昆弥，而是扶持匈奴外孙泥靡为乌孙昆弥。面对这一变故，常惠立即上书朝廷，告知乌孙国的变故，并建议将少主刘相夫留在敦煌，他自己则奔赴乌孙一探究竟，等改变现状后再来迎接公主。但汉廷认为泥靡成为乌孙昆弥已是事实，也就没有必要强送公主和亲，议决将少主刘相夫送回。也是在这一年，苏武去世，常惠

敦煌悬泉置遗址

便接替了其典属国的职位。

　　汉宣帝甘露元年（公元前53年），翁归靡的另外一个儿子乌就屠趁乱杀泥靡，自立为乌孙昆弥。因为乌就屠有匈奴人血统，面对前任昆弥泥靡的前车之鉴，西汉朝廷立马派破羌将军辛武贤率兵一万五千人驻扎在敦煌境内，随时准备出征。在郑吉的建议下，冯嫽与乌就屠谈判，之后乌就屠同意让位于元贵靡。在这样的情况下，常惠以正使的身份来到赤谷城，将汉朝的册封和印绶颁发给元贵靡和乌就屠。至此，乌孙分裂为大昆弥和小昆弥。

　　因之前汉廷只册立了大小昆弥，但对于地界和属民却没有详细的划分。为解决这些遗留的问题，甘露二年（公元前52年），常惠再次出使乌孙。《汉书·西域传》记载："汉复遣长罗侯惠将三校屯赤谷，因为分别其人民地界。"划分地界后，常惠在屯戍赤谷城期间，始终和汉廷保持着沟通。在解忧公主和常惠等人的斡旋下，汉室外孙世代成为乌孙昆弥，乌孙也终于成为西汉的属国。就在此时，后将军赵充国去世了，常惠被汉宣帝急召回长安接替赵充国的后将军之位，并继续兼任典属国之职。

甘露三年（公元前51年），解忧公主在乌孙度过五十个年头后终于回到了长安。过了两年，解忧公主去世，汉宣帝以公主之仪将其安葬。又过了两年，长罗侯常惠也在长安逝世。解忧公主和常惠的回归，表明汉朝经营乌孙的目标已经基本实现。

从本始二年至甘露三年，常惠在这二十一年的时间内数次出使西域。乌孙从汉朝的盟国变为属国，这一目标的实现与常惠等人一生致力于平定西域的各种努力是分不开的。

参考文献

班固：《汉书》，北京：中华书局，1962年。

王欣：《常惠综论》，载《西北民族论丛》第二辑，北京：中国社会科学出版社，2003年。

裴永亮：《悬泉汉简中的长罗侯经略西域》，《青海民族大学学报》（社会科学版）2018年第4期。

第二单元○国士无双

「简」读中国 敦煌汉简里的丝绸之路

后将军赵充国
古稀之年平西羌

文物简介

木简一枚
出土编号：Ⅰ90DXT0210③:6
1990年出土于敦煌悬泉置遗址
长22.75厘米，宽1.7厘米，厚0.2厘米
简文残泐，但基本内容清楚

该简为汉宣帝神爵二年（公元前60年）敦煌太守快遣守属充国送牢羌、狼何羌等诸羌人入朝奉献的传信文书。其中"充国"是朝廷专门派遣处理羌乱问题的赵充国将军。该简文中的"琅何羌"即《汉书》中记载的"狼何羌"。赵充国《汉书》有传，详细记录了其籍贯以及击匈奴、平诸羌等生平事迹。赵充国是西汉

时期杰出的军事家，也是麒麟阁十一功臣之一。在古稀之年，赵充国率一万兵力平西羌，最终不战而屈人之兵。不仅平定了愈演愈烈的羌乱，而且在湟中地区的屯田大有收效。传世文献虽然对赵充国的生平事迹都做了较为详细的记载，但对归义羌人的管理记载得比较简略。该简文为西汉管理羌人等少数民族问题填补了重要资料，对研究悬泉置的传舍制度、汉羌族关系具有重要的史料价值。现藏甘肃简牍博物馆。

简牍释文

敦煌大（太）守快使守属充国送牢羌、斥候羌候人十二。神爵二年十一月癸卯朔丙午，敦煌大（太）守……以次琅何羌□君嬺藏奉献诣行在所，以令为驾二乘传，十一月辛未留宿，当舍传舍，从者如律令。

简文大意

该简文记载的是神爵二年年底之事，时间跨度从十一月初一至十一月二十九日。主要事件是敦煌太守快派守属赵充国一路护送牢羌、琅何羌等诸羌人十二人入朝奉献，要求沿途的驿站按照律令提供二乘传以及相应的食宿接待。

《汉书·赵充国传》记载："羌侯狼何果遣使至匈奴藉兵，欲击鄯善、敦煌，以绝汉道。充国以为'狼何，小月氏种，在阳关西南……'"《汉书》所记"狼何"即为汉简中的"琅何"，既然在阳关西南，那就是敦煌太守管辖的范围之内，就会有敦煌太守派专人护送一事。

阅牍延伸

咏史上·赵充国

[宋]陈普

五万消磨作四千，羌人镂尽汉人全。
并生虽愧征苗旅，比似嫖姚却大贤。

西汉时期，在陇西郡以西、祁连山以南地区生活着西羌。西羌并非为单一的民族部落，主要包括：湟水（黄河上游支流，流经今青海、甘肃二省）的先零羌，黄河以南的大、小开羌，鲜水（青海古称）的罕羌。各部落相互独立，没有任何统属关系，但匈奴曾一度派遣使者促进西羌部落联盟。而因西羌不断派兵侵扰河西走廊、金城等西汉边境的地带，为了平息西羌部落对西汉边界地区的攻击，西汉朝廷从派兵抗击占据在河西走廊的匈奴右部浑邪王、休屠王时，就已经开始经营西羌。汉昭帝始元六年（公元前81年）七月，西汉朝廷设置了金城郡（治所在今甘肃兰州西北），就是为了与河西四郡共同形成对羌的夹击。

到了汉宣帝时期，在朝廷派遣光禄大夫义渠安国巡视各羌族部落时，先零羌的酋长提出渡河到达湟水北岸，在汉朝百姓不耕种的地域放牧。面对这不合理的要求，义渠安国竟表示了同意，

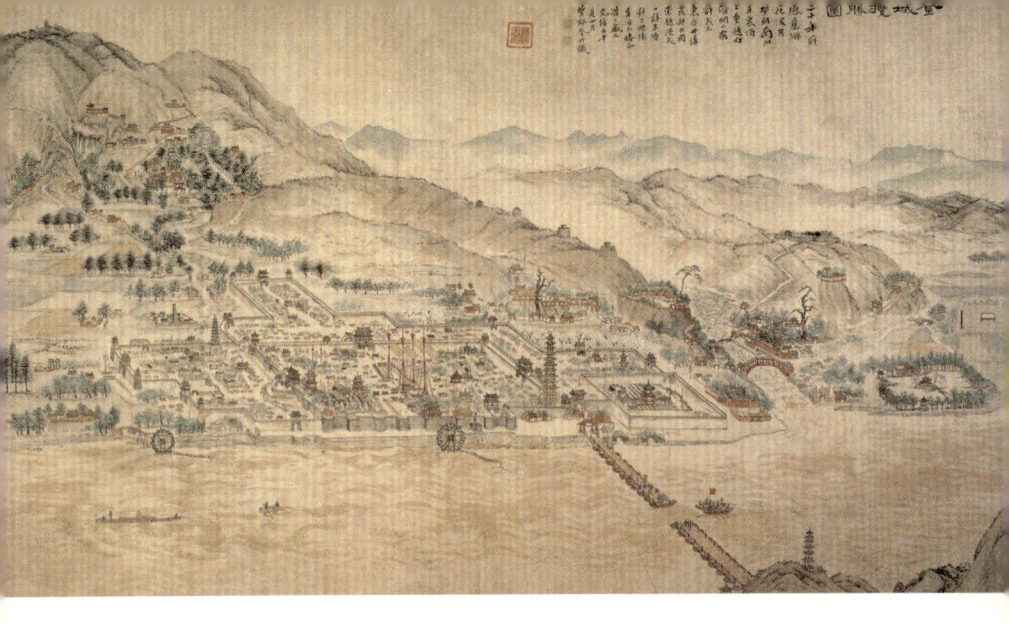

[清]马五《金城揽胜图》，甘肃省博物馆藏

然后派使者报告给了汉宣帝。后将军赵充国以为不可听任先零羌的无理要求，并弹劾义渠安国擅作主张，犯有不敬之罪。但羌人已凭借从义渠安国那里得到的承诺渡过湟水到达了北岸，郡、县都阻挡不住。

汉宣帝元康三年（公元前63年），先零羌与诸羌部落交换人质后订立盟誓。消息传到长安，赵充国认为，正是由于羌人各自为政、相互攻击才容易制服。而在过去的三十年里，每当他们对抗西汉朝廷之时，都是解仇结盟共同进攻汉朝军队。此时匈奴也有和羌族联合的意向，所以汉军要提前做好准备。然而赵充国的意见并没有得到汉廷的足够重视。汉宣帝神爵元年（公元前61年），西汉朝廷再次派遣义渠安国前往边塞了解西羌各部落动态。义渠安国到达西羌后，先是召集了主要的先零羌部落诸豪族三十多人，然后将其全部诛杀，并派兵出击其部落的民众，斩杀千余人。义渠安国完全依靠武力镇压的处理方式，使得本已归降的部分羌族部落重新叛变，联合其他部落开始侵扰边塞，攻略城池，残杀汉军。甚至小月氏部落的羌人联合匈奴人，打算借兵进军鄯善、敦煌地区，以切断西汉与西域诸国的通道。

由于义渠安国治理羌人的政策不得人心，致使羌患愈演愈烈，于是西汉朝廷便重新考虑选派将领代替义渠安国反击羌族部落。此时赵充国已是七十余岁高龄，汉宣帝便派御史大夫也是日后的一代名相丙吉，向赵充国询问能够担当此任的大将人选。而身经百战的赵充国对治羌的方略已熟练于心，随即发表了一番独到的见解。他提出愿为汉宣帝解忧，亲自带兵前往解决羌患。

这里还须介绍一下赵充国的生平。根据《汉书·赵充国传》记载，他是陇西上邽（今甘肃天水）人，后迁居到金城令居（今甘肃永登西北）。赵充国"为人沉勇有大略，少好将帅之节，而学兵法，通知四夷事"，"始为骑士，以六郡良家子善骑射补羽林"。赵充国最初所担任的是羽林卫，即宫廷禁卫军。汉武帝天汉二年（公元前99年），赵充国以假司马（即代理司马）的身份跟随贰师将军李广利攻打匈奴。这次出师由于汉军粮草缺乏数日，死伤甚多。在如此不利的情况下，赵充国与一百多名将士突破层层包围、攻陷敌阵，李广利率兵紧随其后，才得以脱险。归来后汉武帝刘彻亲自探视了赵充国全身二十多处创伤，并封其为中郎，后迁车骑将军长史。汉昭帝元凤元年（公元前80年），赵充国平定反叛的武都氏人，被迁升为中郎将，屯兵上谷。汉昭帝元平元年（公元前74年），赵充国与大将军霍光一起拥立刘询为皇帝，在汉宣帝刘询即位后，他被封为营平侯。汉宣帝本始二年（公元前 72 年），赵充国带领三万多骑兵，从酒泉出兵征讨匈奴，共杀死匈奴数百人，俘虏牲畜七千多头。还朝后担任后将军、少府等职。

虽然后将军赵充国的一生身经百战，屡建功勋，但"廉颇老矣，尚能饭否"也是汉宣帝心中的疑惑。最终碍于其战场经验丰富，汉宣帝思虑再三，还是决定由赵充国出兵治羌。

神爵元年（公元前 61 年）六月，赵充国领兵一万余人到达金城，想要渡过黄河时夜幕已经降临。赵充国带兵多年，经验丰富，且十分谨慎。他先是派遣三名校尉率领士兵渡河，令他们渡河后立刻构筑阵地，之后大部队才开始分批渡河。到天亮时，全军皆已按次序到了黄河对岸。此时营寨附近又出现了数十个羌人骑兵，于是赵充国告诫部下的将领："我军长途跋涉，兵马疲倦，不能追赶。羌人骑兵骁勇善战，难以制服，恐怕是诱兵。此行的目的是击灭西羌，不能贪图小利，否则恐中埋伏。"随后派士兵在四周瞭望侦察具体情况，在得知四望峡没有羌人军队把守之后，赵充国便趁夜带兵挺进落都山，之后再率兵直抵金城郡下的西部都尉府。

赵充国认为由于羌人生活在大山之中，性格多剽悍粗犷，善于骑射，勇于格斗，以战死为吉利，以病终为不祥，强大时则为酋、豪之分，弱小时则依附于其他部落。如果凭借军事力量去硬碰，是征服不了他们的。于是提倡"先计而后战"，主张恩威并施，对其进行区别对待、分化瓦解、笼络人心、拉拢上层，以和平的方式化解汉羌矛盾。

起初羌族䍧部落、开部落的首领靡当儿派其弟雕库向西部都尉报告先零部落谋反时，西部都尉扣留了雕库并将其当作人质。赵充国认为雕库没有犯罪，与先零羌叛汉的性质不同，于是下令将他放回，并让雕库告诉他的族人，汉军只诛杀有罪之人，汉朝皇帝告诫诸位羌人，犯法的人若能捕捉斩杀犯罪之人则免罪，斩杀有罪的大、中、小酋长，分别赐钱四十万、十五万、二万，所捕之人的钱财尽数归其所有。赵充国的这番做法主要是想瓦解羌人的联合计划。

但赵充国迟迟不肯对羌族部落用兵的行为受到了部分朝臣的批判。酒泉太守辛武贤在对待䍧、开羌人的问题上，主张应在七月用武力征伐䍧、开二部落，待冬季之时再度发兵出击。此时汉宣帝征发三辅、太常的罪犯为军队，连同其他地区的士兵共计六万余人。赵充国上书表明其中的利害关系，认为辛武贤武力征伐的策略不切合实际，远军深入必有伤危。且现在䍧、开二部已经不与汉军为敌，只有先零酋长杨玉的叛军伺机而动，如果汉军攻打䍧、开二部，对方团结一致，汉军势必要付出很大的伤亡代价。最佳的方案就是先诛先零羌，若先零被诛后，开羌兵自然便归附汉朝。如果不归顺，那么正月再派军征伐也不迟。汉宣帝最终采纳了赵充国的建议。

之后赵充国带兵来到先零羌的驻地，发兵进攻羌人。先零部落因为驻屯已久，早已放松了警惕，突然发现赵充国率部开到，顿时惊慌失措，四散逃跑。有些官军将领立功心切，想全力追敌，赵充国则认为汉军的目标已经达到，穷寇不可急追，跟着他们慢慢走就行了。最终,仓皇逃路的先零军损失惨重。

汉军到达罕羌的地界,罕羌首领靡忘归降。赵充国把军情上报了朝廷。他的部将们纷纷表示要扣留叛军首领靡忘,赵充国却执意要放了他。恰好朝廷的使者到了,准许靡忘以立功赎罪论处。之后,罕、开两部也自行归顺了朝廷。

不过此时先零羌叛军的主力还在,汉宣帝和众朝臣主张乘胜追击。辛武贤一再请战,汉宣帝又下令,让辛武贤和强弩将军许延寿于十二月会同赵充国,一起攻打先零。当时先零叛军已经有一万多人陆续归降,赵充国不愿打仗,要求撤走骑兵,节省军需,只需留下一万步兵长期屯田湟中(今青海湟水两岸),先零叛军支撑不了多久就会彻底瓦解。赵充国还细细说明罢兵屯田的十二条益处。最终,汉宣帝批准了赵充国屯田的计划,同时又派遣辛武贤等将领率军于十二月进击羌人,降四千余人,斩首四千

甘肃嘉峪关魏晋 1 号墓出土耕种画像砖,甘肃省博物馆藏

余人。而赵充国不动干戈又得降五千余人，可谓演绎了孙子兵法的最高境界——不战而屈人之兵。

汉宣帝神爵二年（公元前60年）五月，赵充国认为西羌叛军总计五万多人，被消灭的有七千多人，陆续投降的有三万一千多人，淹死、饿死的又达五六千人，逃散到各部的还有四千多，已构不成威胁。于是赵充国上《请罢屯兵奏》，请求撤军。得到汉宣帝的准许后，赵充国解散屯兵，率领军队回到京师。

汉宣帝甘露二年（公元前52年），赵充国去世，终年八十六岁，谥号壮侯，归葬于邽山之阳（今甘肃清水西北的李崖）。

甘肃清水赵充国陵园内的赵充国墓碑

赵充国去世后，他与霍光等人的画像共同被列入未央宫麒麟阁中，为"麒麟阁十一功臣"之一。汉成帝时西羌犯乱，成帝切盼再有如赵充国那样能正确处理羌乱问题的将军出现，曾召黄门侍郎扬雄根据麒麟阁内功臣赵充国的画像，作了《赵充国颂歌》。后被《汉书》全文引用。值得一提的是，《赵充国传》是《汉书》中篇幅最长的人物传记之一，可见赵充国在当时汉代大史学家班固心目中的地位和重要性。

参考文献

司马迁：《史记》，北京：中华书局，1959年。

班固：《汉书》，北京：中华书局，1962年。

王先谦：《汉书补注》，北京：中华书局，1983年。

杨继忠：《西汉名将赵充国在处理西羌问题上的杰出表现》，《四川师范大学学报》（社会科学版）1993年第2期。

叶志强：《赵充国与羌人关系刍议》，《阿坝师范高等专科学校学报》2014年第3期。

康丽：《西汉赵充国研究》，兰州大学硕士学位论文，2016年。

郑炳林：《西汉经敦煌郡对南山羌的经营》，《国学学刊》2022年第1期。

"简"读中国 敦煌汉简里的丝绸之路

破羌将军辛武贤讨南羌

文物简介

木简一枚
出土编号：Ⅱ90DXT0114③:214A
1990年出土于敦煌悬泉置遗址
长 11.2 厘米，宽 1 厘米，厚 0.15 厘米
简文残泐，但基本内容清楚

　　该简为破羌将军、西河太守武贤上报的公文。简文中的"武贤"是西汉宣帝时期的名将辛武贤。《汉书》明确记载辛武贤曾两次担任过破羌将军一职。第一次为神爵年间（公元前 61 年—前 60 年）配合后将军赵充国平羌乱，第二次是在甘露年间（公元前 53 年—前 52 年），为配合长罗侯常惠等人分立乌孙大小昆弥事项，

驻敦煌待命，准备随时征伐乌就屠。除破羌将军一职之外，辛武贤在神爵年间还担任过酒泉太守。而关于辛武贤担任西河太守一事，史书未曾有记载。该简文不仅弥补了史料中对辛武贤官职记载的缺漏，更为研究西汉管理羌胡等相关问题提供了实物资料，具有重要的史料价值。现藏甘肃简牍博物馆。

简牍释文

• 破羌将军、西河大（太）守臣武贤请假及长吏以下……

简文大意

该简文内容不完整，主要记载的是时任破羌将军、西河太守的辛武贤因某事而上报公文于朝廷。据史料记载，辛武贤两次担任破羌将军的时间分别是神爵及甘露年间，说明该简的年代大致在西汉宣帝时期。

史书并未记载辛武贤担任过西河太守一职。辛武贤第一次被封为破羌将军是在神爵元年六月担任酒泉太守之时，此前史书并未提及辛武贤曾担任过西河太守。在神爵二年平羌之战结束后，辛武贤继续担任酒泉太守。根据《汉书》记载："辛武贤自羌军还后七年，复为破羌将军，征乌孙至敦煌，后不出，征未到，病卒。"说明辛武贤任西河太守当在其归任酒泉太守之后，到第二次任破羌将军之前，即神爵二年至甘露元年。而此简中"破羌将军、西河大守"联称，说明辛武贤任西河太守的时间，很有可能一直延续到第二次任破羌将军之后，即辛武贤在第二次任破羌将军时还兼任着西河太守。

> 阅读延伸

西汉时将祁连山称之为南山,而将生活在这里以及祁连山南部柴达木盆地等地区的羌族部落称为南山羌,也叫南羌。南羌实际上是对生活在南山之南的附属于西羌的小月氏等河西杂胡的统称,其中包括婼羌、狼何羌等各羌族部落。南羌的活动范围与敦煌相接,并毗邻酒泉郡南部。

据《汉书》记载,在汉武帝征和五年(公元前88年)时,匈奴单于曾派使者至小月氏部落,通过小月氏传话给诸羌,希望先零羌与罕羌、开羌等诸种落订立盟誓,互相派遣质子作为担保,并与匈奴结盟共同攻击河西故地。

汉宣帝神爵元年(公元前61年),西汉派遣的光禄大夫义渠安国在处理羌患问题上行为失当,被西羌击败退守令居塞。汉羌战争爆发后,汉宣帝将三辅、太常地区的罪犯免去监禁,编为军队,同时调集三河、颍川、沛郡、淮阳、汝南等地的地方军,金城、陇西、天水、安定、北地、上郡等地的骑兵,以及武威、张掖、酒泉太守驻守各自郡县的吏卒,共计六万人,命后将军赵充国率兵解决羌患。同年六月封酒泉太守辛武贤为破羌将军,令其率领西部河西诸郡兵与后将军赵充国分东西两路共击西羌。辛武贤从西进军,首先就是要截断匈奴与诸羌的联系通道,而这一通道节点就是婼羌和狼何羌。

在如何对诸羌进行征伐的问题上,赵充国与辛武贤的用兵策略各不相同。赵充国抵达金城郡西部都尉府后,力主招抚罕、开

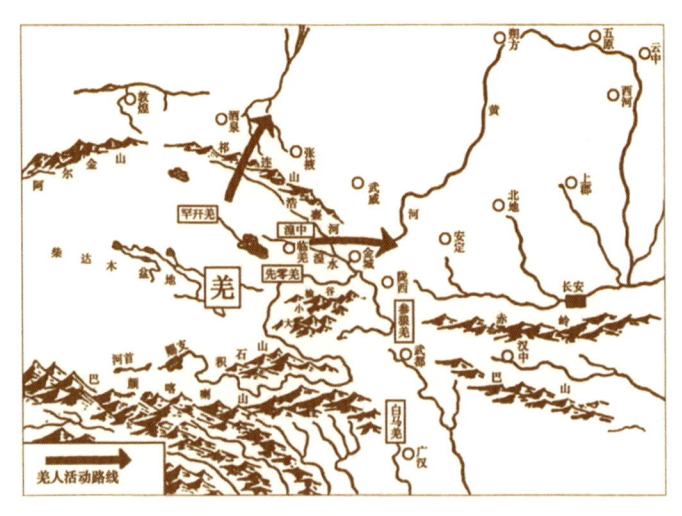

西汉羌人形势图,引自陈致平《中国通史》

等诸羌人。而时任酒泉太守的辛武贤则主张带领武威、张掖、酒泉郡兵万骑,先对诸羌中比较弱的罕、开进行讨伐,即使不能将其完全歼灭,也能夺取其畜产。辛武贤主张的军事征伐策略遭到了后将军赵充国的极力反对。赵充国认为先零兵的强盛与罕、开等羌族部落的协助有关,应当先击先零羌,这样罕、开等弱小的羌族部落就会不战而屈。

汉宣帝觉得赵充国的建议和辛武贤的策略都有一定道理,所以两用其计。汉宣帝封酒泉太守辛武贤为破羌将军、侍中许延寿为强弩将军,准备在七月进攻罕羌。据郑炳林等先生研究,此次汉宣帝增派给辛武贤的兵力除敦煌、酒泉郡的部队外,还有长水校尉富昌、酒泉候奉世率领的婼羌、月氏兵四千人。其中的"月氏"很可能就是狼何羌。这也说明西汉朝廷已将婼羌和狼何羌置于自己的管控之下,表明这一时期南羌小月氏的问题已经被辛武贤解决。

辛武贤作为统帅率兵从敦煌郡向南征伐南羌时，据《汉书》记载，其所率军队为六千人，而悬泉汉简记载"破羌将军将骑万人从东方来会，正月七日，今调米肉饴枣"（Ⅱ90DXT0114④：340A），表明破羌将军辛武贤率兵征伐南羌时，是与其他将领一起率军从敦煌郡出征的。

辛武贤率领征伐南羌的军队，由强弩、破羌和中郎将三部分组成。神爵元年对西羌的战争中，据《汉书·赵充国传》的记载，诏两将军与中郎将出击，"强弩出，降四千余人，破羌斩首二千级，中郎将卬斩首降者亦二千余级，而充国所降复得五千余人"。辛武贤率领的三支军队击破南羌后，降服斩首八千余人。这次征伐彻底消除了南羌侵扰敦煌郡、威胁丝路通畅安全的隐

甘肃武威雷台汉墓出土持戟铜骑士俑，甘肃省博物馆藏

患,并打击了匈奴通过敦煌西部的罗布泊地区同南羌建立联盟,共同对付汉廷的企图,迫使南羌诸小部落归附于汉朝。此后敦煌郡成为西汉处理南羌的基地,也成为南羌与西汉沟通的要道。

汉宣帝甘露元年（公元前53年）,西域乌孙国内乱,乌就屠趁乱杀害了狂王泥靡,自立为乌孙昆弥。辛武贤再次受封为破羌将军,率领一万五千名士兵驻扎到敦煌,派遣使者按照行军计划,打通沟渠传送粮食,建成临时粮仓,为攻打乌就屠做好准备。后来由于冯嫽的调解,乌孙问题得到了和平解决,乌孙自此分为大小昆弥,在"破羌将军不出塞"的情况下结束了乌孙内乱。

据《汉书·辛庆忌传》记载,辛武贤的弟弟辛临众、辛汤在汉宣帝时先后任护羌校尉。辛武贤的儿子辛庆忌在元、成之世历官光禄大夫、左曹中郎将、执金吾、左将军等。辛庆忌的三个儿子也很有才能,《汉书·辛庆忌传》记载："长子通为护羌校尉,中子遵函谷关都尉,少子茂水衡都尉出为郡守,皆有将帅之风。宗族支属至二千石者十余人。"这都表明辛武贤家族在西汉中后期显赫于世。

参考文献

班固：《汉书》,北京：中华书局,1962年。

袁延胜：《悬泉汉简所见辛武贤事迹考略》,载《秦汉研究》第四辑,西安：陕西人民出版社,2010年。

郑炳林：《西汉经敦煌郡对南山羌的经营》,《国学学刊》2022年第1期。

"简"读中国 敦煌汉简里的丝绸之路

第一任西域都护郑吉

文物简介

木简一枚
出土编号：Ⅱ90DXT0213③:135
1990年出土于敦煌悬泉置遗址
长7.2厘米，宽1.3厘米，厚0.25厘米
木简上残，两行书写，字迹模糊，略难辨识

　　该简是悬泉置保留的一份接待安远侯郑吉派遣使者的传信。简中"使都护西域骑都尉"是西域都护的正式官名，"骑都尉"当指以本官都护西域，是其本职，而"使"则突出了使职性质。"安远侯吉"是汉宣帝时期的名将郑吉，他不仅曾在渠犁负责军屯，为保护汉代西域的南道做出了重要贡献，还在汉与匈奴争夺车师的

Ⅱ90DXT0213③:135

事件中发挥了重要的作用，更在汉宣帝神爵二年（公元前 60 年）护送归汉的日逐王到京师长安，并在汉朝设立西域都护府后，成为第一任西域都护管理西域诸国，以功绩被封为安远侯。班固在《汉书》为其作传时也不得不感慨道："汉之号令班西域矣，始自张骞而成于郑吉。"该简文为研究悬泉置的传舍制度，以及西汉对西域诸国的经营等相关问题提供了第一手资料，具有重要的史料价值。现藏甘肃简牍博物馆。

简牍释文

二人。使都护西域骑都尉、安远侯吉谓敦煌……驾，当舍传舍，如律令。三月甲寅过，东。

简文大意

该简文不完整，大意是说某年三月甲寅日，悬泉置依传信的要求，为西域都护安远侯郑吉派遣的自西向东行的两名使者提供了食宿和出行交通保障。

从简文内容来看，该简的年代当在西汉宣帝时期。神爵二年汉宣帝命郑吉为西域都护，管理西域诸国。对于西域诸国的相关情况，郑吉须及时书写公文向汉廷上报。因此才会有悬泉汉简中安远侯郑吉派遣使者东行到长安的记载。

阅牍延伸

汉武帝建元二年（公元前139年），张骞应募出使西域，历经十三载的艰辛后返回长安，他的"凿空"之举，拉开了汉朝经营西域的序幕。在汉朝中央政权实现对西域的管辖，并使其与边疆地区融为一体的历程中，西域都护府的设置意义最为重大。首任西域都护郑吉，是这一历史事件的亲历者和推动者。

汉武帝太初四年（公元前101年），汉朝在轮台、渠犁一带屯田积谷，意在长期经营西域。屯田政策的实施，促进了中原与西域的交流，使得汉朝在西域的影响力日益增强。汉武帝征和四年（公元前89年），大司农桑弘羊奏请扩大轮台屯田，汉昭帝采纳了他的建议。汉宣帝即位后，更加注重西域屯田，在这样的时代背景下，郑吉登上了西域的历史舞台。

郑吉，据《汉书》记载，为西汉会稽（治所在今江苏苏州）人，"以卒伍从军，数出西域，由是为郎。吉为人强执，习外国事"。郑吉曾于太初四年（公元前101年）跟随李广利远征大宛，汉昭帝元凤四年（公元前77年）跟随傅介子袭杀楼兰王，汉宣帝本始二年（公元前72年）跟随长罗侯常惠护乌孙击匈奴。正是由于参加了这几次重大的军事行动，郑吉阅历丰富，见多识广，为其日后管理西域奠定了良好的基础。

汉宣帝地节二年（公元前68年），郑吉以郎官的身份与校尉司马憙屯田于渠犁。郑吉到任后，不断扩大渠犁屯田面积，积蓄粮食，增加西域驻军，厉兵秣马。因匈奴僮仆都尉常驻在今焉耆一带，以车师为后援。因此，控制车师对汉朝和匈奴都至关重要。汉武帝时曾两次从中原派兵远征车师，但因并未在此驻军，在汉军撤离之后，车师又会再次被匈奴控制。同年秋收时节，郑吉亲率屯田士卒一千五百人以及龟兹等国兵力三万余人奔向车师，破车师王都交河城。但因为车师王乌贵在交河北面的石城，因此并未将之俘获，加之粮草将尽，于是罢兵而回。次年郑吉再次攻车师，面对数万精兵的进攻，车师王乌贵最后归降了西汉政府。之后郑吉回到渠犁继续屯田，维护丝绸之路的畅通。后郑吉因功晋升为卫司马，同时被任命为护鄯善以西南道使者。这是汉朝在轮台设置使者校尉的发端。

汉宣帝地节四年（公元前66年），为解决渠犁驻军的粮草

新疆吐鲁番交河故城遗址

供应，郑吉派士卒三百人屯田车师。匈奴认为车师土地肥美，是战略要地，曾先后多次派兵与西汉争夺车师。面对匈奴的进攻，郑吉率渠犁屯田士卒一千五百人移屯于车师，驻交河城。匈奴又增数万精兵攻击车师，因寡不敌众，郑吉等人被匈奴大军围困于车师城中。汉宣帝元康二年（公元前64年），汉宣帝派遣长罗侯常惠率河西精骑"扬威车师城北"，逼退匈奴兵，之后郑吉等人解除围控，又回到渠犁继续屯田。

汉宣帝神爵二年（公元前60年）九月，匈奴虚闾单于战死后，右贤王屠耆堂趁机篡夺了单于位，匈奴发生内乱。而与屠耆堂不合的日逐王深感危险，权衡利弊之后，于十月派遣使者至渠犁，向郑吉表示愿意率众归顺汉朝。面对这一突变，郑吉有喜有忧。喜的是若日逐王是真心归降汉朝，则意味着受他管辖的僮仆都尉会随之废置，那么匈奴的势力将彻底退出西域，天山南北汉朝再无强敌。然而担忧的是，若是对方是诈降，目的是趁机夺取屯田，裹挟西域诸国共同夹击汉军，那么汉军若不退回关内必然全军覆没，西汉几十年的苦心经营也将付之东流。在一切尚未得到完全确信时，郑吉一边立发千里加急特使，向长安禀报实情，一边派出多路的信使，向四面诸邦国召集兵马。到了约定的日期，汉侍郎郑吉率领一千五百渠犁屯田军，以及向龟兹诸国召集的共五万人马前往迎接日逐王部众。之后郑吉将日逐王一万二千部众安置在河曲（今青海境内黄河弯曲处），亲自护送日逐王等人到达京师长安。汉宣帝封日逐王为归德侯，留居长安。现藏于甘肃简牍博物馆的《神爵二年悬泉厩佐迎送日逐王廪食册》也印证了日逐王归汉的事实。

神爵二年（公元前 60 年），汉宣帝在乌垒城（今新疆轮台东）设西域都护府，任命郑吉为"都护西域骑都尉"，使其统领西域诸国，颁行朝廷的号令，护卫丝绸之路南北两道。从此，西域诸国正式列入了西汉的版图。西域都护对西域诸国具有管辖权，为保障丝路通畅与稳定，可调遣西域诸国的军队，诸国有乱时，也可发兵征讨。汉宣帝甘露元年（公元前 53 年），解忧公主被狂王的儿子细沈瘦围困在赤谷城内，都护郑吉闻讯，立即派兵解围。在翁归靡的儿子乌就屠刺杀狂王泥靡自立为昆弥时，汉遣破羌将军辛武贤率大军至敦煌欲征乌就屠。郑吉考虑汉军兵马疲惫，便派冯夫人劝说乌就屠，化干戈为玉帛，避免了一场战争。这也是郑吉作为西域都护保障西域安宁的例证。因郑吉对汉朝治理西域做出的重要贡献，他也被汉宣帝封为安远侯，食邑千户。

自郑吉首任西域都护始，至王莽时都护李崇兵败西域止，西汉朝廷共任命了十八位西域都护。根据史书的记载可知，西汉时册封西域诸国王、侯及各级首领并颁发印绶共三百七十六人。西域都护府的设置表明西域地区成为西汉王朝的一部分，汉武帝"广地万里、重九译，致殊俗，威德遍于四海"的战略构想也终于实现了。自此以后，历代中央政权都对西域地区行使管辖权。郑吉为西汉统一西域、促进西域地区经济社会发展做出了重要贡献。汉宣帝黄龙元年（公元前 49 年），郑吉逝世，被赐谥号为缪侯。

从张骞出使（公元前 138 年）到西域都护府的建立（公元前 60 年），前后八十年的时间，可归于一句"汉之号令班西域矣，始自张骞而成于郑吉"。第一任西域都护郑吉在汉朝开拓西域的过程中所做出的功绩可与张骞比肩并列。

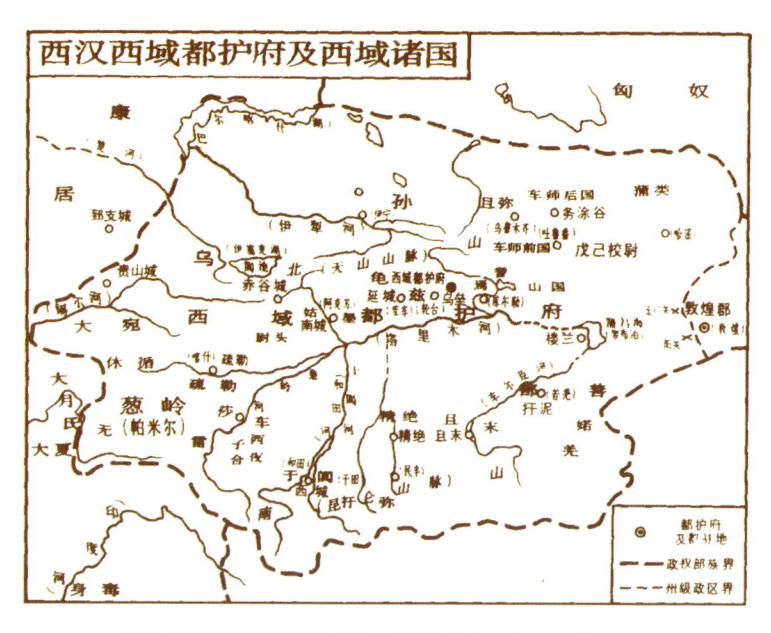

西汉西域都护府及西域诸国，引自纪大椿《新疆历史百问》

参考文献

班固：《汉书》，北京：中华书局，1962年。

贾应逸：《汉代西域都护府的由来——兼谈郑吉的历史功绩》，《新疆大学学报》（哲学社会科学版）1977年第3—4期合刊。

马国荣：《论西域都护府》，《新疆社科论坛》1991年第2期。

李大龙：《西汉西域都护略论》，《中国边疆史地研究》1991年第2期。

刘江波：《西汉西域都护府的设立与首任西域都护——郑吉》，《新疆地方志》1996年第2期。

刘国防：《汉西域都护的始置及其年代》，《西域研究》2002年第3期。

予征：《第一任西域都护郑吉》，《兵团建设》2008年第1期。

张德芳：《郑吉"数出西域"考论》，《西域研究》2011年第2期。

"简"读中国 敦煌汉简里的丝绸之路

两任西域都护段会宗

文物简介

木简一枚

出土编号：Ⅱ90DXT0216②:26

1990年出土于敦煌悬泉置遗址

长9.5厘米，宽1厘米，厚0.3厘米

简文残泐，但基本内容清楚

　　该简为在渠犁屯田的军候千人段会宗上报给朝廷的公文。简文中的"初元"为汉元帝刘奭的第一个年号，即公元前48年至前44年。"会宗"是汉元帝时期的外交家段会宗。据《汉书》记载，段会宗在竟宁（公元前33年）中任西域都护、骑都尉，任期满后返回长安。不久后西汉朝廷应西域诸国的请求,六十多岁的段会宗再次受命担任西域都护一职。最终于汉成帝元延三年(公元前10年)在处理乌孙内乱时病逝于乌孙。传世文献主要记载了段会宗曾两任西域都护,但对其在渠犁以军候千人的身份进行屯田的事迹并未提及。该简文填补了段会宗早年任职情况的史料空白,也为研究西汉屯田西域、开发边疆等方面的情况提供了重要的资料。现藏甘肃简牍博物馆。

简牍释文

将田渠黎(犁)军候千人会宗上书一封。初元□……

简文大意

该简信息不完整,其简文记载内容大致为汉元帝初元年间,在渠犁进行军屯的军候千人段会宗向西汉朝廷上书公文一封。这说明段会宗在竟宁元年(公元前33年)由杜陵令迁任西域都护之前,就曾在西域活动多年。或许也正是因为段会宗在渠犁等地通过参与军屯等相关活动,对西域诸国有所了解,才会被两次推荐为西域都护,统领西域诸国。《汉书》所载的"西域敬其威信",则是其在西域多年耕耘的结果。

阅牍延伸

自汉武帝反击匈奴胜利后,在河西走廊设四郡、据两关。随着丝绸之路的畅通,西汉与西域诸国的往来更加密切。公元前60

年日逐王归汉后，西汉朝廷设立了西域都护府，治所在乌垒城，管辖西域诸国。从第一任西域都护郑吉开始，到西汉末年，曾有十八位文官武将出任西域都护一职，其中就包括两次出任西域都护的段会宗。

段会宗，西汉天水上邽（今甘肃天水）人。初元年间段会宗已在西域活动多年。汉元帝竟宁元年（公元前33年）因其才能出众，以杜陵县令的身份被三公、太傅和大将军等五府联名推荐为西域都护。汉成帝建始三年（公元前30年），在任满三年按例更换西域都护为廉褒后，段会宗返回京城长安，被任命为沛郡太守。后因为匈奴单于来朝见，西汉朝廷又调任段会宗为雁门太守。

汉成帝建始四年（公元前29年）冬，段会宗及部将被乌孙国的军队围困。于是段会宗用驿马紧急上书一封，请求汉成帝征发西域诸国军队，以及驻扎在敦煌郡的汉军救援。四天之后，朝廷诏令刚到时，段会宗等人已自行解除了乌孙国的包围。

由于段会宗在西域都护任内勤勉于政，发展农牧，协调西域诸国关系，因而深得西域各国上下的信任与拥护。汉成帝阳朔二年（公元前23年）西域诸国纷纷上书汉廷，请求西汉朝廷再次选派段会宗担任西域都护一职。阳朔四年（公元前21年）汉成帝委任段会宗第二次出任西域都护。当时，段会宗已经是六十余岁的老人。临行前，好友谷永劝他到了西域，只要苟且守成、明哲保身就可以了。段会宗到达汉朝边境之时，西域各国纷纷派其子弟到城郊外去迎接。段会宗到西域后，感于西域各国的厚礼郊

四川彭州出土汉代执幡二骑吏画像砖拓片

迎，尽心竭力以国事为重，奔赴各地处理西域各国纠纷。一时之间西域诸国相安无事，百姓安居乐业。

几年后，康居国太子保苏匿主动与汉朝修好，表示愿归附。段会宗报奏朝廷，汉成帝派卫司马前往受降。为了保证安全，段会宗派戊己校尉率兵护卫卫司马。卫司马看到对方人多势众，心生畏惧，下令康居国降众皆自缚受降，引起康居国太子不满，引兵而返。这时，段会宗都护任期已满，回朝受命，朝廷却以段会宗擅自发兵导致康居国太子拒降为由，贬段会宗为金城太守。后因病又遭免官。

汉成帝鸿嘉四年（公元前17年），曾由段会宗扶立的乌孙王小昆弥安日被国民所杀，引起内乱。汉武帝时为加强、巩固与乌孙的关系，先后遣细君公主和解忧公主和亲乌孙王，汉与乌孙由此也有了甥舅关系，此后双方联系不断加深。为稳定乌孙国内局势，汉成帝重新征召段会宗前去处理乌孙内乱。段会宗对乌孙各部众晓以利害，申明大义，新立乌孙小昆弥的弟弟（一说为兄）末振将为王，成功平息了乌孙内乱。之后段会宗便率众回到京师。

汉成帝永始元年（公元前 16 年），新立的乌孙小昆弥末振将担心被乌孙大昆弥雌栗靡吞并，于是派出乌孙贵族乌日领面见雌栗靡假意诈降，并趁机刺杀了他。西汉朝廷想要发兵征伐末振将，兵尚未行，汉成帝决定再次派段会宗远赴西域。段会宗带着大量的金币到达乌垒城后，与西域都护策谋立前任乌孙大昆弥雌栗靡的叔父，即解忧公主的孙子伊秩靡为乌孙大昆弥。同时，西汉朝廷把末振将留在长安的侍子定为官奴婢。汉成帝元延元年（公元前 12 年），新任乌孙大昆弥伊秩靡的翎侯难栖杀掉末振将，立末振将哥哥安日的儿子安犁靡为乌孙小昆弥。

元延二年（公元前 11 年），汉成帝派段会宗发动戊己校尉和西域诸国兵力，诛杀末振将的太子番丘。段会宗担心大部队进入乌孙国后会使番丘惊逃，于是将其所派遣的军队留在了垫娄，挑选精干的持弩士兵数十人，从小道到达了乌孙昆弥驻地。段会宗召来番丘后责备其父末振将杀害骨肉至亲，杀了汉朝公主的子孙，汉军还未来得及诛杀他，他便已去世，表明现在是奉汉成帝之命来诛杀番丘。番丘被杀后其部下惊慌逃散。乌孙小昆弥安犁靡带领几千名骑兵包围段会宗，段会宗对他们说了杀番丘的来意后，安犁靡和部下撤兵而去。段会宗回长安后将情况上奏给汉成帝，朝廷公卿认为段会宗权衡得宜，带领小部队深入乌孙国诛杀番丘，宣扬了国威，应加以重赏。段会宗于是因功被汉成帝封为关内侯，赐黄金一百斤。段会宗有勇有谋，既化解乌孙各部疑虑，又巧妙地实现了诛杀番丘以平乌孙内乱、稳定西域局势的目的。

但是好景不长，乌孙不久后又发生内乱。同年（公元前11年），乌孙小昆弥安犁靡的叔父卑爰疐率领众人想要加害乌孙昆弥，汉成帝于是再次派遣段会宗出使西域。已逾古稀的段会宗不顾年迈，再次踏上了西行之路，与西域都护孙建通力合作，平息了乌孙内乱。不过这次他没能再回来，于汉成帝元延三年（公元前10年）病逝于乌孙，享年七十五岁。

段会宗一生，数次出使西域，三次平定乌孙内乱，为保障丝路畅通和朝廷政令通达，为加强乌孙等西域国家与西汉的联系做出了巨大贡献。他去世后，西域诸国"为发丧立祠焉"以示祭奠，这种待遇是极其罕见的。

西汉错金银铜弩机，南京博物院藏

汉代西域都护简表

姓名	生年　籍贯	任职时间	出处
郑吉	?—公元前49年，会稽（今浙江绍兴）人	公元前60年—前49年	《汉书·郑吉传》
韩宣	不详	公元前49年—前45年	《汉书·西域传》
甘延寿	北地郡郁郅县（今甘肃庆城）人	汉元帝时期	《汉书·甘延寿传》
段会宗	天水郡上邽县（今甘肃天水）人	第一次任职是在公元前33年至前30年；第二次任职是在阳朔年间（公元前21年—前18年），此后又四度出使乌孙并于元延三年（公元前10年）在乌孙死于任上	《汉书·段会宗传》
廉褒	陇西郡襄武县（今甘肃陇西）人	公元前30年—前27年	《汉书·西域传》
韩立	不详	公元前24年—前21年	《汉书·百官公卿表》
郭舜	汉成帝时期	公元前15年—前12年	《汉书·西域传》
孙建	不详	公元前12年—前9年	《汉书·西域传》

续表

姓名	生年 籍贯	任职时间	出处
但钦	?—公元13年	公元1年—13年	《汉书·匈奴传》
李崇	不详	公元13年—23年	《汉书·西域传》
陈睦	不详	公元74年—75年	《后汉书·西域传》
班超	公元32年—102年,扶风郡平陵县(今陕西咸阳)人	公元91年—102年	《后汉书·班超传》
任尚	?—公元110年	公元102年—106年	《后汉书·西羌传》
段禧	?—公元110年	公元106年—107年	《后汉书·西羌传》

参考文献

司马迁:《史记》,北京:中华书局,1959年。

班固:《汉书》,北京:中华书局,1962年。

范晔:《后汉书》,北京:中华书局,1965年。

王先谦:《汉书补注》,北京:中华书局,1983年。

周建、喻堰田:《段会宗第二次出任西域都护之年代考证》,《乐山师范学院学报》2011年第3期。

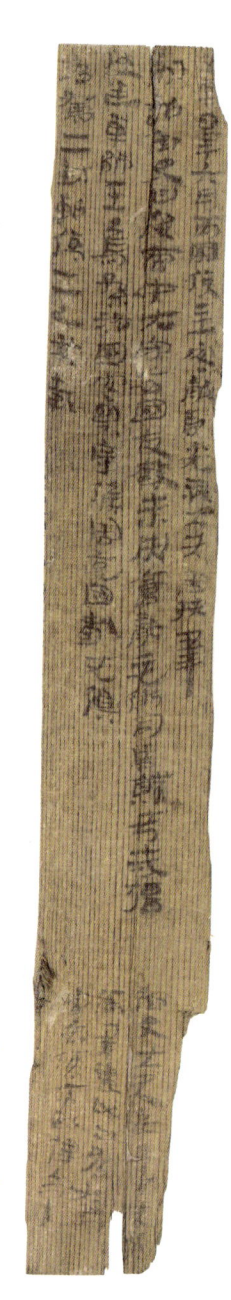

御史大夫杜延年明习法律

文物简介

木简一枚
出土编号：Ⅱ90DXT0113 ③:122+151A
1990年出土于敦煌悬泉置遗址
长23厘米，宽3.3厘米，厚0.4厘米，右下残
简牍出土时裂为两半，后缀合完整，内容清楚

该简为汉宣帝五凤四年（公元前54年）朝廷派遣云中太守等人护送车师王、乌孙国使者的传信。其中"制诏御史"中的"御史"并非为"御史大夫"的省文，实为"侍御史"。"车师王"当为车师旧王乌贵，他回西域的目的或许是为了重新即车师王位。"御史大夫延年"是西汉宣帝五凤年间（公元前57年—前54年）任

御史大夫的杜延年。杜延年文武双全，为麒麟阁十一功臣之一。他不仅精通法律，担任过御史大夫，而且还与大鸿胪田广明在益州平叛过蛮夷。该简文不仅是杜延年于五凤年间任职御史大夫的史证，更是研究西汉朝廷高规格接待并护送外宾的第一手实物资料，为研究悬泉置的传舍制度、西汉敦煌郡的接待制度，以及西汉的外交史等相关问题提供了重要的资料。现藏甘肃简牍博物馆。

简牍释文

五凤四年六月丙寅，使主客散骑光禄大夫田扶韦制诏御史曰：使云中太守安国、故□未夫仓龙□卫司马苏□武强，使送车师王、乌孙诸国客，与军候周充国载先俱，为驾二封轺传，二人共载。御史大夫延年□□□□，承书以次为驾，当舍传舍，如律令。

简文大意

该简文记载五凤四年六月二十七日，御史大夫杜延年开具了一封传信，要求沿途各驿站按律对由云中太守安国等汉使护送的车师王、乌孙国等西域诸国的贵客，提供食宿和轺传等交通工具。

简文记载的"云中太守"秩比二千石，属高级官员，由二千石的云中太守率司马等一行人护送车师王、乌孙诸国贵客回国，显示出西汉朝廷对外宾的重视程度。可知在来汉的西域诸国贵人返程时，西汉朝廷会派遣相当级别的官员礼送其出境，其中不少是集体转送。

阅牍延伸

　　唐代贞观名臣杜如晦和大诗人杜甫、杜牧是我们熟知的历史人物，他们都出身于京兆杜氏。那么京兆杜氏的开创者是谁呢？他就是汉代麒麟阁十一功臣之一的杜延年。

　　杜延年是南阳郡杜衍县（今河南南阳西）人，其父为汉武帝时的御史大夫杜周，因执法严峻深得汉武帝的赏识。后元二年（公元前87年）汉昭帝即位后，大将军霍光因杜延年精通法律，便举荐他担任军司空（军中主狱官）一职。

[唐] 阎立本绘汉昭帝画像，美国波士顿美术馆藏

汉昭帝始元四年（公元前83年），杜延年正式就任校尉一职。同年冬天益州的蛮夷发生了叛乱，汉昭帝派遣大鸿胪田广明进攻叛军，杜延年则以校尉的身份随田广明前往益州与蛮夷交战。至次年（公元前82年）秋天，西汉军队击败了叛军，至此益州的蛮夷再也无力与汉军对抗。班师回京后，杜延年担任谏大夫一职。虽然谏大夫的职位并不高，但杜延年在此岗位上充分发挥了自己在法律方面的才能，并受到了当时的主政大将军霍光的赏识。杜延年鉴于汉武帝以来连年征战给国家和百姓造成了沉重的负担，多次向大将军霍光建议勤修德政，霍光也接受了杜延年提出休养生息的建议。此外，他还建议大将军霍光应该鼓励官民上书提出不同意见。

汉昭帝元凤元年（公元前80年），左将军上官桀父子联合鄂邑长公主（盖长公主）及燕王刘旦谋乱。他们原计划诬陷大将军霍光玩弄兵权，将其扳倒后再逼汉昭帝退位，扶持燕王刘旦即位。未曾料想这一切计谋早已被汉昭帝所识破。见此计不成，上官桀等人又生一计，准备大摆鸿门宴，趁机刺杀霍光。结果这个阴谋竟然让稻田使者燕仓知道了，燕仓官微职小，于是就将此事全盘报告给了自己的顶头上司大司农杨敞。然而待杨敞在听完事情原委之后，怕被牵扯其中，便称病躲避。燕仓又将此事报告给了杜延年。大将军霍光听了杜延年的密报之后决定先发制人，最终只有上官桀的孙女、霍光的亲外孙女上官皇后幸免。左将军上官桀等谋乱者被诛，燕王刘旦、鄂邑长公主饮毒身亡，素与霍氏不和的御史大夫、财税专家桑弘羊及其族人也受到株连。风波平静之后,杜延年与燕仓因有功,被封为建平侯、宜城侯。

元凤三年(公元前78年),距离左将军上官桀谋反案已过去了两年,为了安抚人心,朝廷下达了大赦令。殊不知一个小人物侯史吴的出现,瞬间引发一场祸及朝廷多位高官的惊天大案。侯史吴原是桑弘羊的部下,他向廷尉府自首,说谋反案事发时曾收留过桑弘羊之子桑迁。

此案由廷尉王平和少府徐仁审理。二者都认为桑弘羊谋反而其子桑迁受父牵连,侯史吴只是隐匿从犯,并非窝藏叛乱之人,于是就赦免了侯史吴的罪名。后来一名侍御史核实此案,认为桑迁通晓儒家经典,明明知道其父欲图谋不轨反叛朝廷却不加以劝阻,明显就是同谋之人;此外,侯史吴曾是桑弘羊的下属,也是朝廷三百石的官员,非法藏匿逃犯,不能像平民百姓隐匿从犯一般处理,而是应当按照法律严办。该侍御史于是奏请朝廷重新审理此案并追究廷尉、少府放纵反叛者的罪行。

此时的西汉正值大将军霍光独揽大权,他是朝政实际上的决策者,丞相田千秋虽然在法理上地位较高,实际却处于政治核心之外。而少府徐仁则是丞相田千秋的女婿。在其女婿卷入了政治漩涡后,丞相田千秋先是为侯史吴开脱,后来见众臣不肯附议,便以丞相的名义召集中二千石、博士在公车门开会,公开讨论如何处理侯史吴事件,与会众人一致表示侯史吴违法当诛。第二天,田千秋便到大将军府汇报公议结果。大将军霍光以丞相田千秋未经任何许可,擅自召集当朝重臣议事引起朝廷内外异议为理由,下令将廷尉王平和少府徐仁送进监狱。面对这一情况,满朝的大臣都唯恐被丞相之事牵连而不敢言语。

在此关键时刻，杜延年便向大将军霍光上奏，认为如果按照礼法来看，判侯史吴为大逆之罪确实量刑过重。至于田相擅自召集中二千石的重臣议论此事，也是丞相的分内工作。近年来民间怨责刑法严厉，狱吏凶狠。田相议论的也是监狱中之事，如果因此事牵连丞相，恐怕难以服众。杜延年的奏书并未引起大将军霍光的不满，反而让他更加看重这个懂得其中利害关系的年轻后生。最终霍光处死侯史吴，将廷尉王平和少府徐仁以玩弄法律为由弃市，其他人员则一律不予问罪。杜延年的这封上奏，以论议持平、和睦朝堂受到朝野内外的好评。

汉昭帝去世后昌邑王刘贺即位，刘贺在位不足一个月就被大将军霍光所废。正当大将军霍光、车骑将军张安世与满朝大臣商议立新

江西南昌海昏侯刘贺墓出土麟趾金和马蹄金，南昌汉代海昏侯国遗址博物馆藏

帝一事时，杜延年想到了被抚养在掖庭的皇曾孙刘询。刘询与杜延年之子杜佗关系较为友善，杜延年也深知刘询品行端正，于是劝大将军霍光、车骑将军张安世立刘询为帝。汉宣帝刘询即位后褒赏众大臣，下诏论功封赏，杜延年以定策安宗庙之功，增食邑二千三百户，共达到四千三百户。杜延年善于处理各项政务，汉宣帝刘询也十分信任他，出行时经常要命他陪奉车驾，又让他担任侍从皇帝左右的给事中一职，使之居九卿之位十余年。

大将军霍光死后，其子霍禹与宗族之人谋反未遂被诛杀。此时的汉宣帝刘询以为杜延年长期为大将军霍光所用，可能是霍氏旧人，想要将其罢免。这时丞相魏相也上奏汉宣帝，认为杜延年向来受霍光信任，所任用的官吏也多为不法之徒。汉宣帝便派遣官吏立案审查，最终只是查出苑内的马死亡较多，官奴婢缺乏衣食等问题，但杜延年仍受到牵连削减食邑二千户。

过了几个月后，汉宣帝刘询派杜延年出任北地太守。杜延年从原先的九卿之官改任作边地官吏后，治理郡县的政绩不理想。汉宣帝于是发文责备杜延年。杜延年清醒过后选用良吏，打击地主豪强，很快将北地郡营的各项事务有条不紊地操持了起来。

一年之后，汉宣帝赐给杜延年玺书及黄金二十斤，并将其改任为西河太守。因其治理政绩突出，五凤年间汉宣帝令其担任御史大夫，位列三公。此时的西汉经过多年的发展，国内稳定，丝路畅通，与西域诸国往来频繁。杜延年在任职三年之后，以年老多病需静养为由辞去了御史大夫一职。汉宣帝派光禄大夫持节向杜延年赐药，至病重之时，汉宣帝同意他免官，赐传车送其回家。数月后，杜延年在家中病逝。汉宣帝谥其为"敬"，其子杜缓继承侯爵。

参考文献

司马迁：《史记》，北京：中华书局，1959年。

班固：《汉书》，北京：中华书局，1962年。

王先谦：《汉书补注》，北京：中华书局，1983年。

王辉：《汉简人名"延年"身份考》，《南都学坛》2013年第5期。

西域都护甘延寿
诛郅支单于

文物简介

木简一枚
出土编号：V92DXT1311③:222
1992年出土于敦煌悬泉置遗址
长23.4厘米，宽1.2厘米，厚0.3厘米
简牍完整，基本内容清楚

　　该简为西域都护上书朝廷的文书。其中"延寿"为汉元帝建昭三年至五年（公元前36年—前34年）的西域都护甘延寿。据《汉书》记载，甘延寿在汉宣帝甘露二年（公元前52年）三月始任冯嫽出使乌孙的副使，曾先后担任过郎中谏大夫、使西域都护骑都尉等官职，而其一生经历中最为传奇的事件便是在担任西域

都护一职时,与副校尉陈汤共同诛灭了郅支单于,终结了汉匈百年大战,用实际行动证明了"明犯强汉者,虽远必诛"!这枚出自敦煌悬泉置遗址的珍贵汉简是西域都护甘延寿上书西汉朝廷的第一手实物资料。该简文为研究西汉名将甘延寿、历任西域都护以及悬泉置的邮驿制度提供了重要资料。现藏甘肃简牍博物馆。

简牍释文

使西域骑都尉臣延寿上书一封。

简文大意

该简后文残缺,主要记录了西域都护甘延寿向朝廷上报了文书一封。《汉书》记载:"车骑将军许嘉荐延寿为郎中谏大夫,使西域都护骑都尉。"可见简文中的"使西域骑都尉"为"使西域都护骑都尉"的简称。学界一般认为"使西域都护骑都尉"为职官的称谓,略称即为"西域都护"。

阅牍延伸

甘延寿,西汉时期北地郡郁郅县(今甘肃庆城)人,出身于名门,年少时因善于骑射被选拔到御林军中任职,后被汉宣帝封为郎官。汉宣帝刘询看重甘延寿武力过人,不久便又将其调升为辽东太守。随后在车骑将军许嘉的推荐之下,汉宣帝令其担任了郎中谏大夫之职。

汉宣帝甘露三年（公元前51年），匈奴发生内乱。北匈奴的首领郅支单于击败了南匈奴呼韩邪单于后，占领了单于王庭和漠北的广大区域。被击败的呼韩邪单于为对抗郅支单于，率众驻扎在漠南地区，后归附汉朝。郅支单于认为呼韩邪单于之所以归顺西汉朝廷，是因为势力衰败而谋取一线生机。于是，郅支单于率兵西进夺取其右地。呼韩邪单于与郅支单于都曾将儿子送到汉地做人质。汉元帝初元四年（公元前45年），郅支单于派遣使者进献西汉朝廷，借机索求曾派遣在汉廷做人质的儿子，并表示愿意归顺。汉元帝同意其质子回王庭的请求，并特意派遣卫司马谷吉沿途护送。待谷吉一行人到达匈奴王庭后，郅支单于却背信弃义，杀害了谷吉等汉使。郅支单于自知辜负了汉元帝的好意，又听说呼韩邪单于在西汉朝廷的扶持下势力发展极快，为避免遭到双方势力的联合攻击，于是郅支单于向康居国派使者企图与对方结为盟友，随后便率众向西逃到康居国。郅支单于与康居国王

"汉匈奴归义亲汉长"青铜印，中国国家博物馆藏

通过和亲的方式结盟，互娶对方的女儿。双方结为盟友后，一举攻破并吞并了呼偈、坚昆、丁令三国。郅支单于多次借助康居国兵进攻乌孙国，甚至曾一度攻至乌孙国都城赤谷城内。郅支单于还派遣使者责令阖苏、大宛各西域邦国，要求每年向其进献物品。郅支单于控制西域之后更加骄横无理，甚至杀害了康居国王的女儿、康居贵族大臣以及百姓等达数百人。

西汉朝廷曾派遣三批使者到康居国拜访郅支单于，并索要谷吉等使者的尸首，但郅支单于不仅百般刁难汉使，而且不愿服从西汉朝廷的命令。此时的郅支单于击败了乌孙，以武力威慑西域诸小国，一方独大。面对这一现状，西汉朝廷如不及时采取军事行动，就会丧失对西域的统治权，而西部的边境将无法安宁，中西交通的丝路也无法保障。此时的郑吉已年老多病，于是汉元帝决定任命甘延寿为西域都护，陈汤为西域副校尉，派他们二人率兵出使西域。

汉元帝建昭三年（公元前36年），甘延寿与陈汤已到达西域了解完情况。陈汤便向甘延寿发表了自己的建议。他认为，西域诸小国因国力较弱而屈服于匈奴，这是由他们的环境决定的。现在郅支单于借助康居国的兵力势力大增，经常欺凌乌孙与大宛，胁迫诸小国为其贡物，还常常为康居王做谋划。如若现在不加以制止，等到郅支单于再得到乌孙与大宛，势必会向北攻伊列，向西攻安息，向南击月氏等国。现郅支单于已骄横无理，若西域诸国再为其所用，后果不堪设想。虽然郅支单于骁勇善战，但他没有坚固的城池可供防守。如若率领西域的屯田军以及乌孙军队包围单于驻地，他逃无所逃，退无可守，就可以一举拿下。

虽然甘延寿也认为这是一个好计策，但是想要先上报朝廷请求汉元帝批准。陈汤认为如果要经元帝与诸公卿大臣商议决定，势必会影响到出兵的最佳时机。甘延寿不愿意冒风险擅自出兵，并没有马上采取行动。正考虑如何上书奏请汉元帝时，他突然身体抱恙，只好将此事暂且搁置。正当此时，陈汤独自假称汉元帝的命令，私自调动了西域各国的军队，以及车师戊己校尉的屯田官兵，共计四万多人。事已至此，甘延寿也只得配合，指挥军队行军布阵。

当甘延寿与陈汤率众兵进入康居国境内，恰逢康居副王抱阗率领康居几千骑兵侵犯乌孙国赤谷城。陈汤率军击败抱阗，夺回被抢掠的乌孙百姓及物资，并交还给乌孙国。同时，他还捕获了抱阗的贵族大臣伊奴毒。在进入康居国东部边境时，甘延寿命人密传康居贵族大臣屠墨，并向他说明西汉朝廷的来意。随后在距离郅支单于都城约六十里的地方安营扎寨，将捕获的康居大臣贝色的儿子开牟作为汉军的向导。贝色的儿子就是康居贵族屠墨母亲的弟弟，他们都怨恨郅支单于的暴政，于是将郅支单于的情况完完全全地汇报给了甘延寿和陈汤。

当甘延寿、陈汤率军在距城三十里处扎营时，郅支单于惶恐不安并派遣使者询问汉军为何至此。甘延寿回答道："是因为单于上书说打算归顺汉朝，欲亲自入朝拜见天子，汉朝皇帝可怜单于抛弃大国，只得在康居国寄人篱下，所以派都护将军前来迎接单于及其妻儿老小，恐单于受惊，所以未到城下。"待汉军在离

胡汉交战图，徐州汉画像石艺术馆藏

郅支单于都城三里处扎营布阵时，郅支单于的都城上都竖立了五彩的旗帜，几百人身披战甲登上城门防守。当郅支单于派出的百余名骑兵冲向汉军营地时，汉军张开弓弩击退骑兵，又增派官兵射杀了城门外的骑兵与步兵。面对如此大规模的进攻，匈奴的骑兵、步兵只得退回城中。见此情形郅支单于想要逃跑，但他又担忧康居王会因前期的积怨而给汉军做内应，又听闻乌孙及西域诸国的军队都已出动。外逃无地可去，内宫情况又不得而知，自知腹背受敌。汉军在听到进攻的鼓声时，四面围城，仰射城楼上的敌人。郅支单于以为汉军远道而来不能久攻，便转移至内宫。于是汉军燃草焚城，匈奴骑兵几度欲冲出城的设想破灭，汉军攻入城中，慌乱之中郅支单于受伤而死。军侯代理丞杜勋斩取了郅支

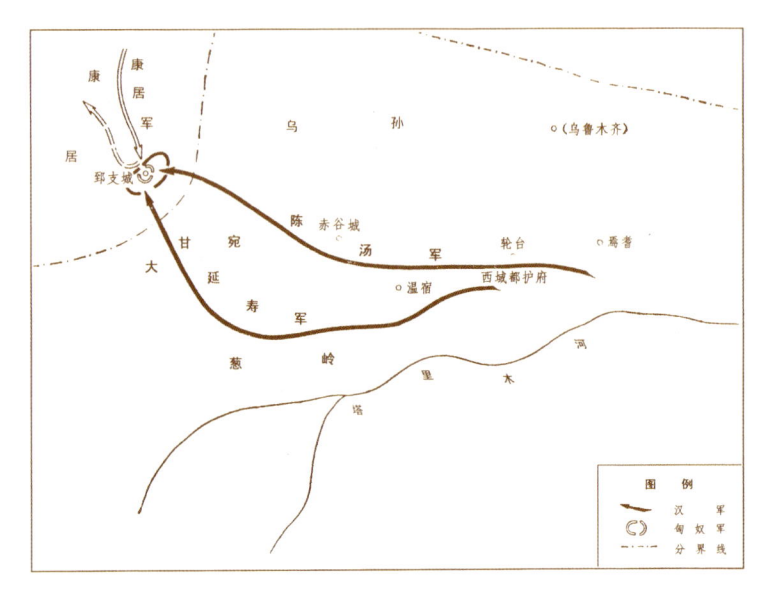

汉匈郅支战役经过示意图，引自武国卿、慕中岳《中国战争史》

单于的首级，并找到汉使的两根节杖与谷吉等汉使带来的帛书。

甘延寿、陈汤击败郅支单于后，就此情况向汉元帝上书，请求将郅支单于首级悬挂在京城的藁街，借此向那些明知会触犯汉朝而有意为之的任何人表明，即便是在很远的地方他们也一定会被诛伐。鉴于此，汉元帝同意了他们的建议。

中书令石显、丞相匡衡、御史大夫繁延寿因为甘延寿、陈汤二人未经朝廷准许自行发兵而责怪他们，认为如若再赐予爵位，分封土地，那么日后奉命出使之人，便会以此为例借机在西域诸国滋生事端。但也有朝臣为他们鸣不平。最终汉元帝认为匈奴郅支单于背叛汉朝，扣留并杀害汉使，之所以没有征讨，是因为路途遥远难以兴师动众征伐。现在甘延寿、陈汤趁机联合西域诸国，出军征伐郅支单于，斩获郅支单于以及阏氏、大臣、名王以下一千多人的首级，虽触犯了律法，但没有动用国力就在万里之外立功，威震边境。因此诏令公卿大臣讨论对他们的奖赏。参加讨论的大臣们都认为，按照军法，捕获斩杀单于可予以封爵。汉元帝于是打算按汉宣帝封安远侯郑吉的惯例，封甘延寿、陈汤千户，但匡衡、石显再度对此事进行争辩。最后汉元帝封甘延寿为义成侯，封陈汤为关内侯，食邑各三百户，并赐黄金百斤。又授任甘延寿为长水校尉，陈汤为射声校尉。甘延寿后来升任城门校尉、护军都尉。汉成帝河平四年（公元前25年），甘延寿逝世，朝廷赐其谥号壮侯。

参考文献

班固：《汉书》，北京：中华书局，1962年。

李炳泉：《甘延寿任西域使职年代考——兼及冯嫽在册封乌孙两昆弥事件中的活动》，《西域研究》2013年第3期。

"简"读中国 敦煌汉简里的丝绸之路

傅介子伐楼兰

文物简介

木简一枚
出土编号：Ⅱ90DXT0115②:47
1990年出土于敦煌悬泉置遗址
长18.1厘米，宽0.8厘米，厚0.2厘米
木简下残，简文内容清楚

　　该简为敦煌郡下发给悬泉置的文书，要求接待东去长安的楼兰王一行人。简中的"柱敦"是专门用于拴马的柱墩，相当于古代停马的场所。史书中没有关于楼兰王到长安的任何记录，仅记载西汉时期楼兰王曾分别送质子到匈奴与汉朝，向两面称臣。但由于后期楼兰王叛汉，为匈奴耳目劫掠汉使，使得汉与西域往来受到影

响。汉昭帝元凤四年（公元前77年），傅介子刺杀楼兰王安归后，立在长安为质的楼兰王子尉屠耆为新王，改国名为鄯善。尉屠耆向汉朝请示派兵在伊循屯田，最终修建了一系列的塞防体系，保障了丝路南道的畅通。该简文为汉与楼兰的交往史填补了重要资料，对研究悬泉置的传舍制度也具有重要意义。现藏甘肃简牍博物馆。

简牍释文

楼兰王以下二百六十人当东，传车、马皆当柱敦。

简文大意

　　该简文为楼兰王率领二百六十余人的使团由西向东到长安进贡时，敦煌郡为接待工作而做准备，发文要求悬泉置提前安排妥当所需的车马，以备楼兰王一行的使团使用。

　　虽然该简文并没有具体的纪年时间，但从简文记载的"楼兰王"字样可知，此简的时代当早于汉昭帝元凤四年，即在楼兰国改名为鄯善国之前。

阅牍延伸

无题

[清] 孙良贵

自破楼兰穿甲还，凉秋八月古萧关。

> 瑾涂穷室无三世，渠率羁縻似百蛮。
> 古塞明月销烽火，荒城雨霁对铦山。
> 非才九载空留滞，惭说心间物自闲。

楼兰是西域三十六国之一，中国史籍中关于它的最早记载见于司马迁《史记》。《汉书·西域传》则载："鄯善国，本名楼兰，王治扜泥城，去阳关千六百里，去长安六千一百里。户千五百七十，口万四千一百，胜兵二千九百十二人。辅国侯、却胡侯、鄯善都尉、击车师都尉、左右且渠、击车师君各一人，译长二人。西北去都护治所千七百八十五里，至山国千三百六十五里，西北至车师千八百九十里。地沙卤，少田，寄田仰谷旁国。国出玉，多葭苇、柽柳、胡桐、白草。民随畜牧逐水草，有驴马，多橐它。能作兵，与婼羌同。"古楼兰地处今新疆巴音郭楞蒙古自治州若羌县北境，著名的罗布泊西北角，孔雀河道南岸的七公里处，是两汉时期出河西走廊的第一站，也是通往西域的必经之路。其西南通且末、精绝、扜弥、于阗，北通车师，西北通焉耆，东当白龙堆，接敦煌。古丝绸之路的南、北两道从楼兰分道，因此它是汉朝把控西域的战略要地。

关于楼兰，班固在《汉书》中记载较为详细的是傅介子刺杀楼兰王安远的故事。而班超也用傅介子与张骞来激励自己，认为"大丈夫无它志略，犹当效傅介子、张骞立功异域，以取封侯，安能久事笔砚间乎？"张骞我们耳熟能详，那么这位并肩张骞的

新疆罗布泊楼兰故城遗址

大丈夫傅介子又是何许人呢?

　　傅介子是西汉时期的著名外交家,生年不详,卒于汉宣帝元康元年(公元前 65 年)。《史记》记载:"傅介子,家在北地,以从军为郎,为平乐监。"可知傅介子为北地郡(治所在今甘肃庆城西北)人,从军后升为郎官。葛洪在《西京杂记》中记载:"傅介子年十四,好学书。尝弃觚而叹曰:'大丈夫当立功绝域,何能坐事散儒!'后卒斩匈奴使者,还拜中郎。复斩楼兰王首,封义阳侯。"傅介子从军时为郎官,后因在龟兹斩杀匈奴使者有功,拜为中郎,又因斩杀楼兰王而被封侯。那么令傅介子功至封侯的斩楼兰一事始末究竟是如何呢？

汉武帝时初通西域，希望能够沟通大宛诸国。在西出敦煌的沿线中，楼兰作为西行的第一站，是使者往来的必经之地。此时，丝路北道沿线的诸国因国力弱小且邻近匈奴，常处于匈奴统治之下。因此，汉使为了避开匈奴的迫害，主要走途经敦煌、白龙堆、楼兰，沿着塔里木盆地南缘西去的这条丝路南道。而楼兰国因疆域邻近匈奴，常被威胁为匈奴提供汉朝及他国使臣的情报，以至于发生了劫杀汉使、抢掠贡献财物的事件。汉武帝元封三年（公元前108年），汉廷派兵讨伐楼兰，楼兰降汉。随后楼兰又遭到匈奴的攻击，于是楼兰王分别送质子到匈奴与汉朝，向两面称臣。汉昭帝时期，在匈奴的质子安归回国被立为楼兰王，楼兰再次背叛汉朝。据《封傅介子义阳侯诏》记载："楼兰王安归尝为匈奴间，候遮汉使者，发兵杀略卫司马安乐、光禄大夫忠、期门郎遂成等三辈，及安息、大宛使，盗取节印、献物，甚逆天理。"楼兰国背叛汉朝，截杀汉使，扰乱丝路，使得汉朝与西域诸国交好的策略受到了影响。

于是汉廷准备派遣使节前往楼兰问罪，时任骏马监的傅介子便毛遂自荐。"骏马监"是汉朝太仆下属位置次于骏马令丞的掌管皇家马厩的官员，负责皇室骏马的饲养和训练。由于汉昭帝年幼，此时由大将军霍光掌握朝政大权。《汉书》记载："元凤四年，大将军霍光白遣平乐监傅介子往刺其王。"

关于傅介子刺杀楼兰王的过程，《汉书》记载得也较为详细。傅介子等一行到楼兰后，楼兰王警惕性较高，拒见汉使。面对这一情况,傅介子等人只好转变策略假装西行,然后仿照荆轲刺秦诱以土地城池、专诸刺僚诱以美食的方式,在行至边境休息时,傅介子等人故意将所携带的金币锦绣等礼物展示给随行的楼兰翻译看,还告诉翻译这些礼物本来是汉朝天子赏赐给楼兰王的,既然楼兰王不愿见汉朝使者接受这些赏赐,那就只好继续西行而送予他国了。楼兰的翻译立即将情况汇报给国王安归,在黄金、锦绣等珍贵汉家之物的引诱下,楼兰王安归率部下从国都赶到边境,并设宴款待傅介子等汉使。酒过三巡之后,傅介子命人将黄金、锦绣等大量汉朝带来的礼品摆放在桌上,并邀请楼兰王安归观赏。傅介子向楼兰王讲述汉廷愿与楼兰交好的意向,慢慢地楼兰王安归也放松了警惕。傅介子看准时机,以宴会人多欲与商议要事为由邀请楼兰王进帐密谈。等楼兰王安归跟随傅介子一进门,埋伏在帐门两侧的勇士同时刺向安归,楼兰王当即死亡。因傅介子一行人布置周全,安归的随从见状纷纷逃走。

汉昭帝元凤四年(公元前77年),傅介子刺杀楼兰王安归后,"驰传诣阙,县首北阙下"。于是汉廷册立在长安为质的楼兰王子尉屠耆为新王,改楼兰国号为"鄯善",迁都扜泥城(在今新疆若羌县治),赐宫女为夫人,以隆重仪式送尉屠耆归国。尉屠耆担心自身势单力薄,向汉朝请示说:"身在汉久,今归,单弱,而前王有子在,恐为所杀。国中有伊循城,其地肥美,愿汉遣一将屯田积谷,令臣得依其威重。"故"汉遣司马一人、吏士四十人,田伊循以填抚之。其后更置都尉。伊循官置始此矣"。对于此事,居延汉简也有相关记载:"诏伊循候章□卒曰:持楼兰王头诣敦煌，留卒十人，女译二人，留守囗。"自此之后，丝路南道畅通无阻。

因傅介子刺杀楼兰王有功，汉昭帝封傅介子为义阳侯，食邑七百户。班固称赞道："汉兴，……义渠公孙贺、傅介子，成纪李广、李蔡，……上邽上官桀、赵充国……狄道辛武贤、庆忌，皆以勇武显闻。"南宋学者傅伯寿亦评价说："陈汤、傅介子、冯奉世、班超之流，皆为有汉之隽功。"傅介子去世后归葬故里。今甘肃庆城西塬石马坳有汉义阳侯傅介子墓，石马坳也正是因傅介子墓前石马而得名。墓前原有石马、石羊、石虎、石人各一对，至今尚存石马和石虎各一座，其余遗迹已不复存在。

甘肃庆城汉义阳侯傅介子墓

傅介子墓前石马

参考文献

班固:《汉书》,北京:中华书局,1962年。

张德芳:《从悬泉汉简看楼兰(鄯善)同汉朝的关系》,《西域研究》2009年第4期。

张俊民:《西汉楼兰、鄯善简牍资料钩沉》,《鲁东大学学报》(哲学社会科学版)2013年第4期。

高启安:《傅介子刺楼兰事迹综理》,《石河子大学学报》(哲学社会科学版)2016年第2期。

"简"读中国 敦煌汉简里的丝绸之路

右将军冯奉世威震西域

文物简介

木简一枚

出土编号：V92DXT1512③:11

1992年出土于敦煌悬泉置遗址

长23.5厘米，宽1.3厘米，厚0.2厘米

简牍完整，内容清楚

该简为西汉元帝初元五年（公元前44年）十一月，左将军光禄大夫许嘉以及右将军典属国冯奉世承制下旨，经由侍御史而形成的诏令。冯奉世《汉书》有传，他以良家子弟身份被选任作郎官，不仅在汉宣帝时出使西域、平定莎车叛乱，还在汉元帝时参与平定羌乱，屯田守卫边境，班固称颂他"图难忘死，信命殊俗，威功白

著,为世使表"。该简文为印证冯奉世的官职,以及研究悬泉置的传舍制度提供了重要资料。现藏甘肃简牍博物馆。

简牍释文

初元五年十一月,左将军光禄大夫臣嘉、右将军典属国臣奉世,承制诏侍御史曰:都护西域校尉军司马令史窦延年、武党、充国、良诣部,为驾一封。御史大夫万年下……当舍传舍,如律令。

简文大意

该简文记载西汉元帝初元五年十一月,左将军光禄大夫许嘉以及右将军典属国冯奉世将皇帝的旨意下达给侍御史,侍御史将其以书面的形式呈报于御史大夫陈万年签发。事由为都护西域校尉军司马令史窦延年、武党、充国、良等人要去往西域都护府,朝廷要求各驿站按律提供传车并进行接待。

汉代的皇帝命令分为策书、制书、诏书以及戒书。其中策书与戒书均用于特定的场合。虽然制书和诏书在日常行政事务中应用广泛,但皇帝的重要命令一般还是用制书下达的。制书一般以"制诏"起首,后面加皇帝的诏令。如悬泉汉简中的"传信简"大量记载了朝臣"承制诏(侍)御史",表明该朝臣代宣皇帝的命令,由侍御史在简牍上书写成规范的制书后,将其呈报给御史大夫,最终由御史大夫封印并签发。

阅牍延伸

自西汉中期设立西域都护府，正式对西域行使国家主权以来，为了巩固对西域诸国的有效统治，西汉朝廷多次派遣使者出使西域。据《汉书》记载可知，从汉宣帝至汉平帝时期，由西域都护府管辖的西域国家逐渐增至五十个，西汉的势力已远至今帕米尔高原区域。而冯奉世就是众多立功西域，为稳固汉朝边疆做出重要贡献的名使之一。

本始二年（公元前72年），乌孙国昆弥翁归靡协助汉军抗击匈奴有功，汉宣帝派常惠封赏了乌孙国有功的贵人。经此一战，匈奴的势力大弱，西域诸国也重新归顺了西汉，汉宣帝便准备派遣使者去西域拜访各国王公贵臣。此时前将军韩增向宣帝推荐了精通《春秋》和兵法的冯奉世，这一提议也受到了朝廷大臣的一致认同。于是汉宣帝命冯奉世以卫候的身份，持汉节沿途护送大宛等西域诸国的贵人返回。当汉使冯奉世等一行人到达鄯善国伊循城（今新疆若羌米兰东）境内时，都尉宋将向他们告知了莎车国的变故。原来是莎车王的弟弟呼屠征联合他国势力屠杀了汉廷拥立的莎车王万年及汉使奚充国，自立为新任莎车王，又派兵攻击南路诸国并与其结盟，中断了鄯善国以西的交通要道。恰逢此时匈奴发兵攻打车师国，西域都护郑吉正忙于平定北道的战乱，无暇顾及莎车国的叛乱。

冯奉世和副将严昌商议过后，为避免后患无穷，决定立即攻击莎车国。于是冯奉世持节发动南北两路的诸国兵力共计

古丝路北道上的克孜尔尕哈烽燧

一万五千人征伐莎车。当莎车国被攻破后,莎车王自杀,冯奉世将具体情况上报给汉宣帝,并派遣使者将莎车王首级送到长安,改立新任莎车王。平定叛乱后冯奉世收兵继续西行。到大宛国后,大宛王听闻冯奉世斩莎车王事,对他尤其敬重,以大宛名马象龙相赠,冯奉世后将此马带回了京师长安。经此一役,冯奉世威震西域,汉宣帝大喜并下令议论封赏冯奉世一事。众人都认为冯奉世在西域功劳很大,应当封爵,少府萧望之却认为冯奉世奉旨出使西域的任务是护送大宛国贵人,却在途中擅自假借皇帝的命令征发西域诸国兵马,虽有功劳,但违背了旨意。如果封赏了冯奉世,那么日后出使西域的汉使便会以此为榜样,为建功立业、求得封赏而发动军队在夷狄各族中滋生事端。因而此先例不可开，冯奉世也不应受到封赏。汉宣帝认为萧望之的提议有道理，于是仅封冯奉世为光禄大夫、水衡都尉。

黄龙元年（公元前49年），汉宣帝驾崩。汉元帝即位后，命冯奉世任执金吾一职。在右将军典属国常惠去世后，汉元帝又命冯奉世接替他的职务。后来，又封冯奉世做了光禄勋。汉元帝永光二年（公元前42年）七月，全国各处闹饥荒，恰逢陇西羌族彡姐部落的旁支作乱，汉元帝召集丞相韦玄成、御史大夫郑

西汉彩绘陶马，陕西历史博物馆藏

弘、大司马车骑将军王接以及左将军许嘉和右将军冯奉世共同商议对策。冯奉世毛遂自荐，准备采用发兵四万速战速决的作战策略。其他人都认为此时正是百姓忙于收获的季节，发兵一万屯守即可。最终，汉元帝决定派给冯奉世一万二千兵马。冯奉世和典属国任立、护军都尉韩昌以领兵屯田的名义，于陇西郡三处分别屯兵。典属国任立屯兵白石，护军都尉韩昌屯兵临洮，冯奉世屯兵首阳县西极山上。护军都尉韩昌先派校尉率兵与羌人争夺有利的地形，又派校尉到广阳谷营救被困的百姓，最终因寡不敌众，派出的两个校尉均被杀。冯奉世上书汉元帝，上报了地形情况，并请求增兵三万六千人以援助战事。于是汉元帝又发兵六万余人，并封太常弋阳侯任千秋为奋武将军前去陇西郡援助冯奉世。待十月汉军集合到陇西郡后，十一月各路汉军大举进攻叛军。在战事还未有胜负之际，汉元帝又征募士兵一万人，封定襄太守韩安国为建威将军准备出发增援。结果兵还未发，羌人已大败，部分余众逃出边境。西汉朝廷听闻战事胜利之后，将休战的将士留守于屯田，以便于防守要害地区。次年二月，冯奉世班师回朝，被任为左将军，光禄勋的职位没有变动。汉元帝在诏书中说："羌族凶残狡猾杀害我朝官吏百姓，攻击陇西郡的官署，烧毁驿亭。左将军光禄勋冯奉世率军征讨，共斩首俘虏八千余人，夺取牛马羊万余。赐予冯奉世关内侯的爵位，食邑五百户，以及黄金六十斤。"同时参战的裨将、校尉三十余人皆有赏赐。汉元帝永光五年（公元前39年），冯奉世因病逝世，归葬于故里。今山西黎城停河铺乡石羊坟村有冯奉世墓。

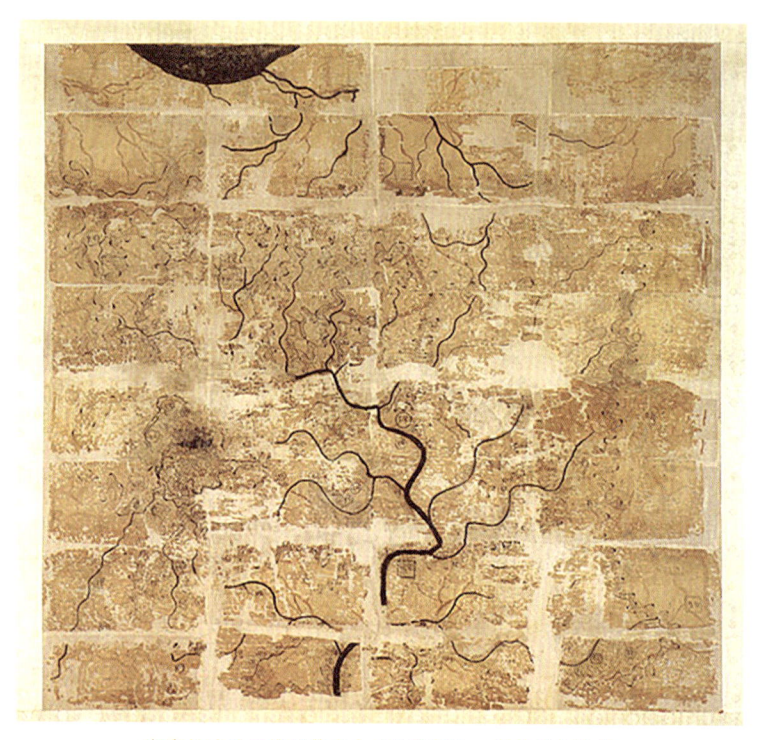

湖南长沙马王堆汉墓出土《地形图》,湖南博物院藏

在冯奉世逝世后,西域都护甘延寿因诛杀郅支单于有功而被封为侯。当时的丞相匡衡、中书令石显等人也以甘延寿假冒皇帝诏令滋生事端为由,认为甘延寿不应当封侯,然而朝臣有人鸣不平并赞扬甘延寿的功劳,最终汉元帝将其封为义成侯。当时杜钦上书汉元帝,追溯冯奉世的功劳,指出当时说议者都认为臣下不能独断专行,按汉朝的法律则有矫制之罪,所以不能封侯,但冯奉世忘死征战,平定莎车叛乱,是世代使者的表率,与甘延寿之功相比亦不逊色,理应重新商议衡定他的功绩。汉元帝认为冯奉

世平莎车是先帝时发生的事情,并没有采纳他的意见。

冯奉世任武将官职前后有十年,为杀敌卫国的老将。班固在《汉书》中评价他道:"居爪牙官前后十年,为折冲宿将,功名次赵充国。"赵充国是西汉麒麟阁十一功臣之一,班固认为冯奉世的功劳仅次于赵充国,可见班固对其将才亦赞赏有加。

参考文献

班固:《汉书》,北京:中华书局,1962 年。

王兴锋、王逸之:《西汉使者冯奉世经略边疆述论》,《乐山师范学院学报》2011 年第 1 期。

靳国丹:《西汉冯奉世相关问题研究》,《文化学刊》2017 年第 8 期。

"简"读中国 敦煌汉简里的丝绸之路

扜弥太子赖丹屯田轮台

文物简介

木简一枚

出土编号：Ⅰ91DXT0309③:97

1991年出土于敦煌悬泉置遗址

长23厘米，宽0.8厘米，厚0.2厘米

简牍完整，简文信息明确

　　该简为悬泉置留存的接待丝路上八国国王使者、贵人的记录。八国之中，疏勒位于丝路北道，与丝路南道的五国以及葱岭以外的西域国家同时派使者去往长安，说明汉代丝绸之路的畅通与繁荣。传世文献不仅记载了丝路南道上的扜弥国属西域都护府管辖，还记载了扜弥太子赖丹曾被西汉朝廷授予校尉一职在轮台屯田。扜弥国与西汉的往来关系密切,但是作为南道上人数较多的扜弥国与丝路南道诸国的往来关系却未有明确的记载。该简文为扜弥与中亚阿姆河流域的诸国交往填补了史料空白,为研究悬泉置的传舍制度,西汉与古丝路南、北道以及葱岭地区的诸国关系往来提供了重要的资料。现藏甘肃简牍博物馆。

简牍释文

客大月氏、大宛、疏勒、于阗、莎车、渠勒、精绝、扜弥王使者十八人,贵人□人……

简文大意

该简文主要记载的是悬泉置接待了大月氏、大宛、疏勒、于阗、莎车、渠勒、精绝、扜弥王的使者十八人,以及贵人若干人。其中疏勒国位于西域北道,即天山以南、塔克拉玛干沙漠以北,大月氏和大宛远在葱岭以外,其他五国都处在西域南道,即昆仑山以北、塔里木盆地以南。

该简文中没有明确的纪年信息,但学者根据对同探方出土的纪年简的分析,认为该简的时间当在汉宣帝时期。

阅牍延伸

扜弥是两汉西域三十六国之一,位于今于田县境内的克里雅河流域。张骞第一次出使西域归来,向汉武帝介绍情况时,就提到了这个邦国。扜弥在西汉时期应是西域南道的大国,与康居、大月氏、大夏等国并列。及至汉武帝元狩四年(公元前119年)张骞第二次出使时,派遣副使到过扜弥,与之建立了联系。

《汉书·西域传》记载:"扜弥国,王治扜弥城,去长安九千二百八十里。户三千三百四十,口二万四十,胜兵三千五百四十人。辅国侯、左右将、左右都尉、左右骑君各一人,译长二人。东北至都护治所三千五百五十三里,南与渠勒、东北与龟兹、西北与姑墨接,西通于阗三百九十里。"扜弥国处在丝绸之路的南道上,南为渠勒国,东北为龟兹国,西北邻接姑墨国,向西可达于阗国。扜弥国能够成为西汉前期的南道大国,与其地理位置及交通之便密不可分。

西汉时扜弥国曾附属于汉廷,但据《汉书·西域传》记载:"初,贰师将军李广利击大宛,还过扜弥,扜弥遣太子赖丹为质于龟兹。广利责龟兹曰:'外国皆臣属于汉,龟兹何以得受扜弥质?'即将赖丹入至京师。"既然扜弥国和龟兹国都隶属于汉朝,那么为何扜弥国会将太子作为质子送到龟兹国呢?贰师将军李广利又为何会斥责龟兹王并带回扜弥国太子赖丹呢?这一切还得从当时的社会环境说起。

扜弥国位于龟兹国西南,经常被东北部强大的匈奴抢夺人口和粮食。为了自保,扜弥国要依附较为强大的龟兹国,不得不将太子赖丹送到龟兹做人质。待西汉的天才将领霍去病完成了打通河西走廊的使命,西汉的疆域便逐渐向西域延伸。汉武帝太初四年(公元前101年),为了得到大宛出产的汗血宝马,李广利将军奉旨征讨大宛，得胜班师回朝时路过扜弥国，听闻扜弥国太子赖丹居然在龟兹国做人质。虽然扜弥归服于龟兹，但两个小国又都隶属于西汉。李广利认为二者皆为汉廷的属国，龟兹国竟然将扜弥国作为附属国，这种行为意味着有不臣之心，冒犯了大汉国威。于是，李广利在斥责完龟兹王之后便将扜弥太子赖丹带回了京师长安。

汉武帝驾崩后，汉昭帝继续采用桑弘羊提出的"募民徙塞屯田"战略设想，决定在错综复杂的西北边陲打开局面。此时要选派的驻扎西域的校尉，不仅要对西域情况了如指掌，还要对汉朝忠心耿耿。而赖丹已在长安城住了二十多年，熟知中原文化体系和典章制度，从这方面来说是驻扎西域的不二人选。于是在汉昭帝始元元年（公元前86年），赖丹奉命以校尉的身份率领部卒和徙民数百人前往轮台。赖丹也成为西汉在西域任命的第一位当

龟兹壁画，德国柏林亚洲艺术博物馆藏

地官员。

在校尉赖丹精心的组织领导下，士卒、徒民在轮台修建营地。在解决了住所问题之后，开始开辟荒地，修筑水渠，大力促进农业生产。赖丹以汉朝校尉的身份在轮台如火如荼地进行农业生产的消息传到龟兹国后，让龟兹王及大臣深感耻辱。昔日卑微的人质摇身一变，成为集军事和外交权于一身的驻扎在西域的西汉校尉。此外，轮台距离龟兹城仅有二百里，若双方发生争执或战乱，赖丹自轮台率兵向西，不日便可兵临龟兹王城之下。这犹如骨鲠在喉，让龟兹王极度不安。于是在龟兹大臣姑翼的唆使下，龟兹王下令偷袭轮台并杀害了校尉赖丹。慌乱中，赖丹余部的幸存者向汉廷报告了此事。虽然事后龟兹王上报汉廷，说杀赖丹只是因为不堪忍受赖丹的羞辱，并没有谋反之心。但是赖丹作为西汉朝廷选派去往轮台屯田的第一任军政官，竟被龟兹国杀害，而且龟兹王还是先斩后奏，严重冒犯了西汉朝廷的威严。对于此事，汉昭帝十分生气，但若兴师动众专门派兵征伐龟兹王，又不是十分有必要。不久后又因汉昭帝英年早逝，此事便被暂时搁置。

汉宣帝本始四年（公元前70年），因持节与乌孙昆弥共击匈奴有功而被封为"长罗侯"的常惠受命"持金币还赐乌孙贵人有功者"。临行前，常惠向汉宣帝提及汉昭帝时龟兹王派兵偷袭轮台，杀死了校尉赖丹并驱赶汉朝派出的屯田士兵一事。常惠认为现可借助西汉朝廷在西域的势力，让龟兹国为曾经杀死汉朝屯田官员的行为付出代价。但汉宣帝不想再生事端，以往事较久为由拒绝了常惠的请求。大将军霍光传话暗示常惠"可便宜行事",常惠心领神会。当常惠带着部队到达乌孙国行完封赏之后,他将自己讨伐龟兹的计划向解忧公主和盘托出。解忧公主表示同意并以实际行动给予了支持,不仅说服了乌孙昆弥翁归靡派兵参战,而且派使者前往西域诸国商讨借兵事宜。常惠在从乌孙国返回京师的途中,率领西域诸国及乌孙数万人马兵临龟兹王城之下。因上任龟兹王已故,新任龟兹王绛宾为当年龟兹杀害校尉赖丹的行为表示道歉,并向常惠交出了杀害赖丹的凶手姑翼。姑翼被常惠斩杀,至此赖丹之仇才真正得报。

据《西域水道记》记载:"玉古尔者,汉轮台地……庄南四十里有故小城,又南二十里有故大城,又南百余里尤多旧时城郭。田畴阡陌,畎陇依然,直达河岸,疑田官所治矣。"西汉屯田的范围不断扩展,轮台成为著名的粮仓,离不开赖丹屯田的创始之功。后来,西域都护府也设在了乌垒城(今新疆轮台东)。

新疆昭苏波马古墓出土汉代铁犁铧,新疆维吾尔自治区博物馆藏

20世纪20年代后期,考古学家、西北史地学家黄文弼曾深入新疆塔里木盆地,对汉代屯田遗址进行了考察。他在沙雅县境内发现了宽八米、深三米、长达二百里的"汉人渠";在轮台县的克孜尔河流域,发现了汉代轮台国遗址柯尤克沁;在卓果特沁旧城(今轮台县城东南),发现了汉代屯田士卒们使用过的铁具、居住过的营垒,以及修建的田埂和沟渠。这些大面积的汉代屯田遗迹,足以证明赖丹、郑吉等汉使屯田西域的历史贡献。

参考文献

司马迁:《史记》,北京:中华书局,1959年。

班固:《汉书》,北京:中华书局,1962年。

范晔:《后汉书》,北京:中华书局,1965年。

殷晴:《湮埋在沙漠中的绿洲古国——扜弥故地考索》,《新疆社会科学》1985年第1期。

张德芳:《悬泉汉简中有关西域精绝国的材料》,《丝绸之路》2009年第24期。

陈晓露:《扜弥国都考》,《考古与文物》2016年第3期。

「简」读中国 敦煌汉简里的丝绸之路

第三单元〇治边安邦

穿渠校尉兴水利

文物简介

木简一枚

出土编号：V92DXT1311 ④:82

1992 年出土于敦煌悬泉置遗址

长 24.3 厘米，宽 2.8 厘米，厚 0.2 厘米

简牍完整，内容清晰

该简为汉宣帝甘露二年（公元前 52 年）酒泉郡乐涫县上报查找走失马匹情况的文书。简文中的"破羌将军"为西汉名将辛武贤，"使者冯夫人"表明此时解忧公主的侍女冯嫽为特使。该简记载的是汉宣帝诏冯嫽回长安了解到乌孙国的详细情况后，派遣冯嫽与破羌将军辛武贤一路西行，完成汉朝分立大小昆弥的重大使命。

简文将"穿渠校尉"与破羌将军、使者冯夫人这两位重要的西汉使臣并列记录,可见其身份的特殊性。穿渠校尉,当为破羌将军辛武贤下属负责水务的校尉。关于水利方面的官职,传世文献与敦煌文献记载较多,但"穿渠校尉"此前未见于史料记载,可能是临时因事而设的职务。该简文为研究西汉敦煌郡的经营、水利管理以及西汉与乌孙关系史等相关问题提供了重要的资料。现藏甘肃简牍博物馆。

简牍释文

甘露二年四月庚申朔丁丑,乐官(涫)令充敢言之:诏书以骑马助传马,送破羌将军、穿渠校尉、使者冯夫人。军吏远者至敦煌郡,军吏晨夜行,吏御逐马前后不相及,马罢丞,或道弃,逐索未得,谨遣骑士张世等以物色逐各如牒。唯府告部、县官、旁郡,有得此马者,以与世等,敢言之。

简文大意

该简文记载甘露二年四月初一,酒泉郡的乐涫县令充上报了寻找走失马匹的文书。马匹遗失的原因是在护送破羌将军辛武贤、穿渠校尉、使者冯夫人等西行时,由于车马不足,朝廷下诏要求沿途的郡县提供骑马以补充传马。因事态紧急,负责护送马匹的军吏日夜兼程,行军速度过快,导致部分疲惫的马匹没有跟上队伍而走失。在发现马匹遗失之后,寻而不得。于是,专门派遣骑士张世等人持"牒"沿途追讨官方遗失的马匹。同时请求酒泉太守府通告各部、各县,以及旁郡,如有得到走失马匹者,将马交给张世。

据史料记载，甘露元年（公元前53年）乌孙国大乱，前任乌孙昆弥翁归靡之子乌就屠杀了新任乌孙王泥靡，自立为乌孙昆弥。该年汉宣帝派遣破羌将军辛武贤率兵一万五千人驻扎敦煌，打算通渠积谷以便征讨乌就屠。最终在冯嫽的劝说下，以"破羌将军不出塞"结束了这场战争。

阅牍延伸

汉武帝即位后，不仅在关中修建了漕渠、龙首渠等大型水利工程，治理了黄河水患，而且随着对匈奴作战的节节胜利，还对西北地区进行了大规模的屯垦经营。

汉武帝元狩二年（公元前121年）河西之战胜利后，西汉朝廷开始实行移民实边的政策。据《史记》载，从元狩四年（公元前119年）漠北之战以后，西汉朝廷"自朔方以西至令居，往往通渠置田，官吏卒五六万人，稍蚕食，地接匈奴以北"。又据《汉书·地理志》记载，西汉末期敦煌郡有一万一千二百户，共有三万八千三百三十五人。为了满足敦煌地区民众的生活需求，以及供应大量屯戍士卒的口粮，甚至还要接待途经敦煌郡的西域诸国使团、商胡贩客，这就对敦煌地区的粮食生产以及农业灌溉提出了更高的要求。

汉朝经营河西最主要的措施是通渠置田，敦煌水利系统最初主要是为了农业灌溉而发展的。《汉书》记载的河西灌溉渠道有三条，即张掖郡觻得县之千金渠、敦煌郡冥安县之南的籍端水（今疏勒河）和龙勒县之氐置水（今党河）。其中千金渠引羌谷水（今黑河）以溉田。该渠自觻得县西流至乐涫县，地跨张掖、酒泉二郡，可见其规模很大。籍端水和氐置水皆"出南羌中……溉民田"。但是汉代在河西兴建的灌溉工程远不止此。从河西地区的地理结构来看，其南部的祁连山冰川融水形成黑河、石羊河、疏勒河、党河等内流河，这些河流自南向北流入沙漠戈壁。而流入敦煌境内的党河和疏勒河便为农业和水利灌溉都提供了良好的条件。

疏勒河

据敦煌 P.2005 写卷《沙州都督府图经》记载，敦煌的甘泉水（今党河）上有马圈口堰，"在州西南廿五里，汉元鼎六年造。依马圈山造，因山名焉"。汉武帝元鼎六年（公元前 111 年），西汉朝廷分设张掖、敦煌二郡，大规模经营河西地区，此时在敦煌等地修渠建堰也是必然。直到唐代，马圈口堰依然是敦煌地区的水利总枢纽，可根据水势大小调节水流，从而使各个分支在统一的枢纽控制下构成整体的灌溉网络。

河西是汉代屯垦的重要区域，又因其处于西北边防的咽喉地段，因此当地的水利机构和吏员的配置情况都与内地有所差异。根据马智全、郑炳林等学者对悬泉汉简资料的研究，敦煌郡下设有主水史，统领东都水官和西都水官，还下设有都水长、丞，率领都水卒、徒、官奴等吏卒治理水利。又设有渠官长、丞，率领东道平水史、案渠卒等吏卒管理官渠。另外还设有专职督察水利的穿水督邮。水利工程的修建和严格有序的管理保证了各屯田区农业生产的顺利进行。汉代河西农业的迅速发展正是得益于当地大规模的水利建设和严密完善的管理制度。

汉代敦煌地区水利兴修的目的除了农业灌溉外还有政治军事上的考量。汉宣帝甘露元年（公元前 53 年）乌孙国内乱，肥王翁归靡匈奴夫人所生的儿子乌就屠趁乱杀掉狂王自立为昆弥，乌孙国亲匈奴的势力得以壮大。为了防止西汉多年来在乌孙国的苦心经营毁于一旦，汉宣帝派遣破羌将军辛武贤率领一万五千人士兵驻扎在敦煌准备随时征讨乌就屠，同时派使者考察并做好水道走向的标记，准备穿通卑鞮侯井以西，即引敦煌党河水而进行水利建设，通过水运运输粮食，积累足够的粮草征讨乌孙国。悬泉汉简又有甘露二年（公元前52年）四月穿渠校尉到达敦煌，以及治渠军候经过敦煌的记载。最后在冯夫人的劝说下，"破羌将军不出塞"便平定了乌孙的内乱。随后在长罗侯常惠颁发汉宣帝的册书后，乌孙国分设大小二昆弥。《汉书》记载，李广利两次征伐大宛时，"道远多乏食，士卒不患战而患饥"，因此可见汉宣帝甘露年间的穿渠活动所具有的军事意义。而汉代敦煌的穿渠活动对于西域开发无疑也具有重要意义。

悬泉汉简中有许多汉代敦煌郡的穿渠文书，如Ⅱ90DXT0115④：34、Ⅱ90DXT0215S：303、Ⅱ90DXT0114③：463等，肩水金关汉简也记载了汉宣帝时期以诏书穿渠敦煌的事件。张俊民、郑炳林等学者研究认为，从甘露元年到初元元年（公元前53年—前48年），西汉朝廷一直在修建一项国家级的水利工程"海廉渠"，这一工程在悬泉汉简Ⅴ92DXT1311③：351、Ⅴ92DXT1311③：228中也有所提及，其位置在敦煌玉门关塞外，大致在今新疆境内。因这一地区与敦煌郡的特殊关系，这一时期水渠的修建，很可能是在西域都护主持下开展的，抑或是敦煌郡与西域都护共同主持修建的。悬泉汉简记载："敦煌长史行大守事，遣卒史尹建上，使护玉门塞外，穿渠漕转，丞相少史鲁千秋，劾事公车司马，以令为驾，二封诏传。甘露四年八月丙子朔乙酉，敦煌长史奉憙行大守事，丞破胡，谓敦煌以次为驾，当舍传舍，如律令。"（Ⅱ90DXT0216②：657）该简表明敦煌太守或敦煌郡府也参与了穿渠工程的建设。

敦煌玉门关遗址

　　自敦煌郡设置以来，伴随着屯田移民政策的实施，水利灌溉系统的修建也提上了日程。自汉武帝元鼎年间开始修治马圈口堰，到汉宣帝时的穿渠工程，再到汉元帝时戍卒穿渠冥安，可见敦煌郡水利建设在西汉中后期一直持续进行。敦煌地区的水渠主要是在西汉时期开凿的，后世都是在此基础上继续完善。

参考文献

司马迁：《史记》，北京：中华书局，1959年。

班固：《汉书》，北京：中华书局，1962年。

高荣：《汉代河西的水利建设与管理》，《敦煌学辑刊》2008年第2期。

郭俊然：《出土资料所见的汉代校尉官考》，《焦作师范高等专科学校学报》2013年第3期。

马智全：《汉简反映的汉代敦煌水利刍论》，《敦煌研究》2016年第3期。

郑炳林、司豪强：《西汉敦煌居卢訾仓城修筑与归属》，《敦煌学辑刊》2022年第1期。

护羌校尉忙羌事

文物简介

木简一枚

出土编号：Ⅱ90DXT0214 ①:74

1990 年出土于敦煌悬泉置遗址

长 7.4 厘米，宽 0.8 厘米，厚 0.3 厘米

木简残泐，字迹清晰

该简是一份东达邮书的记录，记载了盖有田掾印和敦煌郡长印的"合檄"文书，分别发往州牧府和护羌使者幕府。简文中的"合檄"为"檄"的一种，未见载于传世文献。"牧君"，应为州牧。"护羌使者"一职史书无任何记载，但此职从汉宣帝至西汉末期一直存在。据悬泉汉简记载，护羌使者的秩次在护羌校尉之下，

其职能与护羌校尉相似,即"理其怨结,岁时循行,问所疾苦"。此外护羌使者还具有监察督导的职能,主要是对凉州管理羌人及其他的大小官吏进行监督。西汉时期护羌校尉、护羌使者等官吏在行政军事上的多重配合,一定程度上保证了羌地社会秩序的稳定。该简为研究"合檄"这种特殊的文书形式提供了第一手实物资料。同样对西汉时期的州牧职权、护羌校尉及其他羌吏的职能以及敦煌郡如何管理归义羌等相关问题的研究,具有重要的史料价值。现藏甘肃简牍博物馆。

简牍释文

入东合檄四:其二从事田掾印,二敦煌长印。一诣牧君治所,一诣护羌使者莫(幕)府。

简文大意

该简文记载的是盖了田掾印和敦煌郡长印的合檄邮书,向东传递时一封发往州牧府,一封发往护羌使者幕府。该简的具体时代不得而知,但据《后汉书·百官志五》记载:"孝武帝初置刺史十三人,秩六百石。成帝更为牧,秩二千石。"由简文中的"牧君治所"可见,此简的时代背景为汉成帝时期,即西汉末年。

刺史源于"御史",因其具有监察权而常常巡视州郡之地并及时向朝廷汇报情况。西汉末年汉成帝将刺史更改为牧,州牧在成为地方的行政长官并有了固定的治所后,便不再进行巡视活动。因此西汉朝廷为了加强对凉州的控制以及对羌人的管理,派出了秩低但权重的护羌使者来填补州牧监察权的空缺。

> 阅牍延伸

西汉初期羌人主要分布在河湟地区、陇南川西北一带及塔里木盆地南缘至葱岭的山谷地带。因其活动区域主要在西汉疆域的西、南部,便被称之为西羌或南羌。汉武帝元鼎五年(公元前112年)西羌叛乱,次年汉武帝派李息出兵讨伐。之后西汉朝廷在湟水设县,由陇西郡领属管理。汉宣帝时羌人再次反叛,在后将军赵充国和破羌将军辛武贤的讨伐下,羌人归顺西汉。在设置金城属国安置投降归附的羌人后,西汉与羌之间和平相处多年。

西汉朝廷在管理羌族部落时,最直接的方式便是设置护羌校尉进行专职管理。关于护羌校尉设置的年代问题,学界意见不一。部分学者根据《后汉书·西羌传》的记载,认为护羌校尉初置于汉武帝元鼎六年(公元前111年)。但是在《资治通鉴》中记载的却是神爵二年(公元前60年),"护羌校尉之官,始见

甘肃嘉峪关魏晋6号墓出土羌人耙地画像砖

于此"。

汉武帝元狩二年（公元前121年）匈奴浑邪王率众四万余人降汉后，西汉在河西地区先后设置了酒泉、武威、张掖、敦煌四郡，以达到隔绝匈奴与羌人联系的目的。汉武帝元鼎五年（公元前112年）河湟西羌与匈奴通使，进攻安故（今甘肃临洮南），包围枹罕（今甘肃临夏），匈奴亦入五原郡（治所在今内蒙古包头西），杀太守与西羌相呼应。汉武帝遣将军李息、郎中令徐自为击西羌；又遣浮沮将军公孙贺出五原，匈河将军赵破奴出令居击匈奴。结果，此役并未能使西羌降服。

汉昭帝时期的文献记载中，与护羌有关的仅有范明友一人。据《汉书·昭帝纪》记载，范明友"以家世习外国事，使护西羌"。又记载在汉昭帝元凤四年（公元前77年），度辽将军范明友曾以羌骑校尉的身份率兵进攻益州西羌，随后又平定了武都反氐并攻破乌桓，因功被封为平陵侯。范明友曾任羌骑校尉，其职责就是"使护西羌"。

汉宣帝元康三年（公元前63年），光禄大夫义渠安国行视诸羌。当时西汉朝廷还未设置护羌校尉一职。悬泉汉简与《汉书·赵充国传》关于汉宣帝神爵元年至神爵二年（公元前61年—前60年）平定羌乱一事的记载中，也未见有持节领护西羌的护羌校尉。无论是传世史籍还是悬泉汉简中所记载的西汉时期的护羌校尉都是出现在神爵二年之后，而且是由辛武贤的家族成员持续担任。

纵观汉羌关系史可以发现，自汉武帝元鼎五年（公元前112

年）羌人联络匈奴共同反汉，汉武帝立即派遣将军李息、郎中令徐自为率军征伐西羌，使得部分羌人离开湟中地区，另有一部分羌人则归附汉朝。护羌校尉始设于汉武帝元鼎六年（公元前111年），可能是临时设置的，由于此时汉朝的主要危机是来自西北边的匈奴，所以对羌族事务的管理可能并不十分重视。直至汉宣帝神爵年间汉羌矛盾再次爆发，羌族渡过湟水，当地郡县阻拦不住，汉宣帝派遣后将军赵充国和破羌将军辛武贤平定西羌和南羌，设置金城属国管理归义羌人，此时汉朝的势力在西域已经较为强大，而羌人刚归顺不久，尚处于重点管控期，护羌校尉才从临时性官职成为常设官职。史书记载，西汉的羌吏有护羌校尉，其属官有司马、从事等。而据敦煌悬泉汉简内容可知，还有护羌使者、主羌史、主羌使者、护羌都吏等羌吏。

西汉朝廷设置金城属国，其都尉秩比二千石，驻于令居。自神爵二年羌人归顺，汉廷设置金城属国之后，文献中多见有护羌校尉的记载，却未见金城属国都尉的记载。属国都尉作为地方民族管理机构，其职责是管理归顺的蛮夷。而护羌校尉则是持节管理其纠纷，每年巡视问疾苦，还要派遣通晓羌族语言的使者了解他们的动向，使塞外的羌族人成为其耳目，洞察外部情况。

后将军赵充国不赞成辛汤担任护羌校尉时，认为"汤使酒，不可典蛮夷。不如汤兄临众"。说明护羌校尉也是臣属于典属国的"典蛮夷"机构。护羌校尉是主行西羌事的行政官员，金城属国是管理内附羌人的行政建制，护羌校尉与金城属国同时设置于汉宣帝神爵二年（公元前60年），属国都尉和护羌校尉皆秩比两千石。说明护羌校尉也就是金城属国的属国都尉,这也就是史书中仅见护羌校尉未见金城属国都尉的原因。

羌人归附汉朝以后,汉廷仍保留其王、侯的职位,令其率领部众从军征战或戍守边疆。1953年考古工作者在新疆阿克苏乌什喀特古城遗址发掘出一枚铜印,卧羊纽,印面有五个阴刻篆书"汉归义羌长"。归义羌长是汉朝给予归附的羌人首领的一种封号。那么"汉归义羌长"铜印应该就是汉朝颁发给新疆南部地区古代羌族首领的印章。在汉代敦煌郡生活的归义羌人受敦煌郡县管理,属于汉朝的编户齐民,但在具体管理上西汉朝廷对他们又有一定的照顾政策。如甘肃武威出土的汉简《王杖诏书令中》有"夫妻具毋子男唯独寡,田毋租,市毋赋,与归义同"的记载,说明汉代归义者享有"田无租,市无赋"的特权。而悬泉汉简中的《归义羌人名籍》(编号为ⅡgoDXT0214①:1—6)以及一些

新疆阿克苏乌什喀特古城遗址出土"汉归义羌长"铜印,中国国家博物馆藏

内容涉及羌人的散简，都反映了不同部落的羌人在内迁之后，与汉人一样要服徭役和兵役。这也说明归义羌人接受汉朝的统辖，为维护国家统一和西域稳定发挥了重要的作用。

由于徙居塞内的羌人分布较广且以畜牧业为生，每年秋末至冬时部分羌人部落需入塞过冬，来年春天再度出塞。羌人的这种往来移徙的方式得到了汉廷的允许。每年巡视处理羌人间的恩怨纠纷，以及通晓塞外羌人的动向都是护羌校尉的重要职责。正是因为塞内、塞外羌人部落的不同，使得塞外的羌人在与边郡的羌人发生争斗时，有时会向护羌校尉诬告塞内羌人谋叛，试图借官府的力量打击对方。悬泉汉简《案归何诬言驴掌谋反册》（编号为Ⅱ90DXT0214①：124、Ⅱ90DXT0214①：26、Ⅱ90DXT0114③：440）就是一份记录羌人间发生争斗而致诬告谋反的诉讼文书。发生在塞外的羌人争斗事件，护羌校尉是无权或无力管辖的。因此在处理这个案件时，护羌使者在为塞外羌人归何追回了被抢夺的部分马、羊之后，便准备了结此案。由此可知，护羌校尉的职责是管理活动于凉州刺史部内各郡县的羌人，同时对塞外的羌人负有侦视之责。

纵观西汉宣帝后期至王莽时期羌人的反叛活动，无论是在规模上还是频次上都远远低于东汉时期，这也是因为护羌校尉的设置，在中央王朝对羌族的治理活动中发挥了重要作用，对汉羌民族关系的发展产生了深远的影响。

参考文献

班固：《汉书》，北京：中华书局，1962年。

范晔：《后汉书》，北京：中华书局，1965年。

马兰州：《护羌校尉与金城属国》，《历史教学》2002年第12期。

李正周：《从悬泉简看西汉护羌校尉的两个问题》，《鲁东大学学报》（哲学社会科学版）2009年第5期。

刘国防：《西汉护羌校尉考述》，《中国边疆史地研究》2010年第3期。

渠犁屯田供外使

文物简介

木简一枚

出土编号：Ⅱ90DXT0214③:67

1990年出土于敦煌悬泉置遗址

长22.9厘米，宽1.4厘米，厚0.4厘米

木简完整，字迹清晰

该简为汉宣帝甘露四年（公元前50年）西域都护府下发的一份传信，要求敦煌郡沿途各驿站为在渠犁屯田结束准备返回北军的斥候王常、赵忠二人提供轺传接待。"使都护西域……□候"当为"使都护西域骑都尉安远侯"。据史料记载，自汉武帝太初年间李广利征大宛之后，西汉派兵在渠犁屯田，其目的是"给使外国

者"。汉宣帝神爵二年（公元前60年），西汉朝廷在与渠犁相近的乌垒城设置西域都护府，说明渠犁屯田为西域都护提供了一定的物质保障。直到西汉晚期，渠犁屯田与西域都护之间的密切联系都未曾中断。该简为研究西汉时期的渠犁屯田政策、渠犁屯戍与西域都护之间的关系以及悬泉置的传舍制度提供了第一手实物资料，具有重要的史料价值。现藏甘肃简牍博物馆。

简牍释文

屯田渠犁斥候丞王常、赵忠更终罢，诣北军，诏为驾一封轺传，二人共载，有请。甘露四年五月□□朔庚子使都护西域……□候谓敦煌以……

简文大意

该简文记载在西汉宣帝甘露四年五月初一，在渠犁完成屯田任务后的斥候王常、赵忠二人准备返回北军复职。于是，西域都护郑吉发文给敦煌郡，要求沿途各驿站为二人提供一封轺传及其他相关接待。

渠犁屯田为典型的军屯，平时耕田，战时出兵。渠犁校尉是负责屯田的最高行政军事长官，下属设有军候、司马、千人、令史等职位。渠犁校尉及其属官皆来源于中央，渠犁校尉属官在渠犁服役三年后要调回北军。

阅牍延伸

自西汉收复河西设置四郡以来,屯戍西域就是历代中央王朝统治者经营西域的重要国策之一。轮台和渠犁是西汉在西域开辟最早、持续时间最长的屯戍区。

关于渠犁屯田的起始时间,学界略有争议。据《汉书·西域传》记载:"自贰师将军伐大宛之后,西域震惧,多遣使来贡献。汉使西域者益得职。于是自敦煌西至盐泽,往往起亭,而轮台、渠犁皆有田卒数百人,置使者校尉领护,以给使外国者。"《汉书·郑吉传》记载:"自张骞通西域,李广利征伐之后,初置校尉,屯田渠黎。"据此可知,渠犁屯田是在汉武帝太初年间李广利征大宛以后。

陕西米脂官庄4号汉墓出土牛耕图画像石拓片,原石藏于西安碑林博物馆

西汉朝廷于渠犁设校尉进行屯田,其目的是"给使外国者"。通过屯田积谷,渠犁成为西汉和西域各国使者往来途中休憩与物资补给的中转站。西汉出敦煌郡通往西域诸国的路线分南北两道。北道经白龙堆到楼兰、龟兹,向西可通到大宛、康居、安息和犁靬等国。而渠犁为丝绸之路北道向西的必经之地。因此,渠犁屯田为往来的使者提供了方便。

此外,在渠犁屯垦戍边,寓兵于农,平时可耕田积谷,战时则可出兵打仗。据《汉书·西域传》记载:"地节二年(公元前68年),汉遣侍郎郑吉、校尉司马憙将免刑罪人田渠犁,积谷,欲以攻车师。"可见至汉宣帝时,经过多年的积累,渠犁屯田已经能够为西汉夺取车师提供一定的兵力和后勤物资保障。这一年秋收后,"吉、憙发城郭诸国兵万余人,自与所将田士千五百人共击车师,攻交河城,破之"。最后因粮草用尽,不得已只能归田于渠犁。此时渠犁的屯戍士卒已达一千五百人,规模较汉武帝时大增。汉宣帝元康二年(公元前64年),当郑吉率一千五百名屯田卒前往车师屯田时,遭到匈奴骑兵重围,因长罗侯常惠救援而危机得解。在回到渠犁继续屯田后,渠犁设三校尉领护"屯田士千五百人",即每名校尉领护五百人。

郑吉在渠犁设三校尉率领一千五百名士卒屯田,但这一规模并未维持多久。在匈奴日逐王于汉宣帝神爵二年(公元前60年)降汉之后,西汉朝廷设置西域都护府管辖西域,同时将渠犁屯田的士卒派往比胥鞬继续从事屯戍活动,渠犁屯田的规模开始缩小。而自地节二年始至神爵二年这近九年时间里,渠犁屯田应当一直保持一千五百人的大规模。据张德芳等学者对敦煌悬泉汉简材料的研究，在汉宣帝五凤、黄龙年间（公元前57年—前49年），渠犁屯田仅剩一个"渠犁校尉"领护。至汉元帝初元元年（公元前48年），西汉朝廷在车师设戊己校尉，屯田的重心已由原先的渠犁转移到了车师国，渠犁屯田已不再设校尉领护了。据悬泉汉简记载可知，在汉元帝初元年间，西汉朝廷仅在渠犁设一军候兼千人领护屯田相关事宜。可见渠犁屯田的规模已大为缩减，但一直未曾罢屯。自汉宣帝神爵二年西汉朝廷设置西域都护府后，屯田校尉受西域都护管辖。《汉书·西域传》记载："都护治乌垒城……与渠犁田官相近。"说明与乌垒城相近的渠犁屯田吏士及其提供的物资，为西域都护的设置起到了一定的保障作用。直到西汉末年，渠犁屯田与西域都护的联系始终未曾中断。

传世文献中关于西汉在渠犁屯田设置的组织机构及官员的记载，仅有使者校尉或校尉二者，但悬泉汉简中却有较为详细的相关记载。敦煌悬泉置接待渠犁屯田官员的记录，反映了渠犁屯田职官设置的一些情况。在汉宣帝五凤年间至汉元帝初元年间，渠犁校尉为渠犁屯田的最高行政长官，其秩比二千石。其下属还有校尉丞、军司马、校尉史、令史、掾等官吏。敦煌悬泉汉简涉及渠犁屯田的相关资料表明，在轮台、渠犁屯田的校尉是隶属于长安城御林军"北军"的。渠犁校尉及其属官来源于中央，由北军派遣，校尉及属官在渠犁服役三年后要调回北军。在渠犁从事屯田的劳动者则主要是在军事编制下的"免刑罪人"。

1959年在新疆民丰尼雅遗址出土了一枚"司禾府印"，这

新疆民丰尼雅遗址出土汉代司禾府印，新疆维吾尔自治区博物馆藏

是汉廷在尼雅遗址这一区域内管理屯田机构的印章。"司禾府"这种官署未见于史书记载，但《汉书·地理志》敦煌郡广至县下高诱的注文中有"宜禾都尉治昆仑障"的记载。《后汉书·西域传》则记载，在东汉明帝永平十六年（公元73年）窦固等人大败北匈奴后，汉廷曾在伊吾卢（今新疆哈密）"置宜禾都尉以屯田"。可知"宜禾都尉"是汉明帝时期专门设置的负责该区域内屯田事宜的官职。"司禾府印"的出土，则表明东汉时期在今新疆民丰尼雅遗址所在区域内已经开展屯田活动。这不仅是汉朝推行屯田戍边政策的见证，也是汉朝对这一区域进行有效管理的实证。

汉武帝在西域的屯田政策，开启了历代中央政府在西域屯田的先河。西汉在西域大规模的屯戍活动，对于固边安邦有着重要的意义，不仅保证了丝绸之路的畅通无阻，也促进了中西文化的交流与贸易的往来。

参考文献

班固:《汉书》,北京:中华书局,1962年。

贾应逸:《新疆尼雅遗址出土"司禾府印"》,《文物》1984年第9期。

张德芳:《从悬泉汉简看两汉西域屯田及其意义》,《敦煌研究》2001年第3期。

李炳泉:《西汉西域渠犁屯田考论》,《西域研究》2002年第1期。

徙民于敦煌郡

文物简介

木简一枚

出土编号：Ⅱ90DXT0315②:36A

1990年出土于敦煌悬泉置遗址

长23.3厘米，宽2.7厘米，厚0.3厘米

简牍完整，内容清楚

　　该简为悬泉置抄录的汉成帝河平元年（公元前28年）敦煌太守贤开具给广至司空啬夫尹猛去山东一带招收流民的过所文书。移民进入敦煌后，成为受地方郡县管辖的编户齐民。随着大量移民政策的实施，河西地区不仅民族构成发生了改变，同时也传入了中原先进的科技与文化。河西地区的世家大族，也大多是在西汉时期

的移民基础上发展起来的。该简文是西汉徙民敦煌郡的第一手实物资料，为研究西汉敦煌郡的经营与管理以及西汉徙民史等相关问题提供了重要的资料。现藏甘肃简牍博物馆。

简牍释文

河平元年八月戊辰朔壬午，敦煌太守贤、丞信德，谓过所县道：遣广至司空啬夫尹猛收流民东海、泰山，当舍传舍，从者如律令。八月庚寅过东。

简文大意

该简文记载在河平元年八月初一，敦煌太守贤开具了一封过所文书。要求沿途各驿置为前往东海、泰山一带招收流民的广至县司空啬夫尹猛，按律提供传舍接待。广至县司空啬夫尹猛路过悬泉置时已是二十二日之后，即八月二十三日。

据史料记载，西汉时期水灾频发，如在汉成帝建始四年（公元前29年）、河平元年（公元前28年）的春三月均发生过水灾。该简文所记载的广至县司空啬夫尹猛前往山东一带招收流民，当是因为黄河水灾影响到山东地区，以致民众流离失所。西汉朝廷将关东灾民安置到敦煌郡，不仅可以实边，还能解决流民的生存问题。由此说明，徙民实边具有一举两得的功效。

阅牍延伸

敦煌历史悠久,早在传说中的尧舜时期,就有三苗族迁入敦煌地区生活,他们是敦煌最早的开发者。我国古代羌戎族的祖先也曾在这里繁衍生息,他们为敦煌早期开发做出了贡献。至周秦之际,西戎部落便一直活动在河西地区,秦末汉初时,在这里相继生活过乌孙人、月支人以及匈奴人。

汉武帝时,匈奴派浑邪王与休屠王统治河西并控制西域诸国,对西汉构成了严重的威胁。汉武帝元狩二年(公元前121年),霍去病率骑兵万余人,从陇西出塞进攻匈奴。最终随着匈奴浑邪王杀休屠王并率其众四万人降汉,西汉完全占据了河西走廊地区。

据学界研究,在河西地区归属西汉管辖之后,西汉朝廷准备将被匈奴驱赶迁移到中亚的乌孙人再次迁回河西地区,双方约定为昆弟之国,以达到"断匈奴之右臂"的计划。但乌孙人表示已适应了中亚的气候和环境,不愿再回归故土。于是汉廷只能采取移民实边的政策,通过设置郡县的方式,对河西地区进行直接管理。

汉武帝元鼎六年(公元前111年),西汉朝廷为了进一步经营西域,加强对河西地区的管理,"分武威、酒泉地,置张掖、敦煌郡,徙民以实之"。当时敦煌郡下辖六县,以敦煌县为郡治。《汉书·武帝纪》表明,自设置酒泉郡后,汉武帝就在河西地区设立屯田官,征发戍卒前往屯田。当时敦煌还隶属于酒泉郡管辖。这说明早期敦煌郡的移民主要是军事性质的屯田,包括军队屯田和罪犯贬谪屯田。关于罪犯贬谪屯田，敦煌文书中就有渥洼水一带有从南阳来的罪犯屯田的记载。而汉武帝征和二年（公元前 91 年）因卫太子事件受到牵连而被贬谪迁徙到敦煌郡的官吏也为数不少。至汉哀帝时，敦煌郡的鱼泽障仍然接收从中原地区被贬谪的官员，而他们迁徙敦煌实际上也是文化的迁徙。此外，还有由中原迁居河西的"徙民"。据《汉书·万石君传》记载，汉武帝元封四年（公元前 107 年），"关东流民二百万口，无名数者四十万，公卿议欲请徙流民于边以适之"。这些徙民被"著籍"编入郡、县、乡、里、什、伍组织，他们耕种政府分给的小块土地，负担政府的租税赋役。至于屯田卒，则主要归属于农都尉、农令、部农长、农亭长这一屯田管理系统。另外，出土汉简中还有"河渠卒"的记载。这说明敦煌郡的移民和戍卒不仅

敦煌莫高窟第 23 窟雨中耕作与起塔供养壁画

提供了大量的劳动力,还为敦煌地区带来了中原先进的农耕生产技术。

西汉朝廷向敦煌地区进行移民实边,从最初的军队戍卒屯田,到后期的中原贫民迁移,以及更为持久的官员贬谪和文士迁徙。据学界研究,随着敦煌郡的建置以及移民政策的落实,敦煌地区"蝗灾""地动"等自然灾害现象开始见载于《汉书》。这反映出移民对象发生了从贫民移民到文化移民的转变,这种转变也为后期敦煌文化发展奠定了基础。

随着徙民政策的推行与实施,河西地区的民族构成发生了重要的改变。河西地区由原先主要是少数民族的聚居地,逐渐变为汉人与月氏、羌、匈奴等民族共同生活的家园。河西的豪强大姓也形成于两汉时期,他们多是从中原迁居而来,逐渐发展成为"家世二千石""世为著姓"的世家大族。据敦煌 P.2625《敦煌名族志》写卷记载,钜鹿索氏与清河张氏原来都是官宦之家,二者都是因为得罪了权贵为了避祸才主动徙居敦煌的。其中钜鹿索氏移居敦煌的时间是汉武帝元鼎六年(公元前 111 年),清河张氏迁居敦煌的时间是汉宣帝地节元年(公元前 69 年)。而敦煌 S.530《大唐沙州释门索法律义辩和尚功德记碑》则对索氏迁徙敦煌的原因予以了证实。此外据《曹全碑》记载,曹全的先祖也是在汉武帝时期才移民到敦煌的。又敦煌 P.4640《阴处士碑》记载,敦煌阴氏的祖先原是汉武帝派遣征伐匈奴的部队中的一员,后戍守敦煌。随着敦煌郡经济的发展,以及敦煌郡在汉廷管辖西域诸国方面发挥的重要作用,这批从西汉时期迁来敦煌并逐渐发

敦煌 S.530《大唐沙州释门索法律义辩和尚功德记碑》

展起来的世家大族在这里站稳了脚跟。

自从河西地区归属西汉后,汉武帝开始实施移民实边的政策。汉廷从敦煌置郡前已经开始移民,直到西汉末年仍在进行。移民中有犯罪的官员,失去土地的贫民,还有戍边的官吏兵卒等。他们迁移敦煌的同时,也将中原地区先进的科技与文化带到了敦煌。从此以儒家经典为主的许多汉文典籍开始在这里传播,到东汉时,敦煌郡已出现了一批儒学名士。

参考文献

班固：《汉书》，北京：中华书局，1962年。

尤成民：《汉代河西的豪强大姓》，《敦煌学辑刊》1991年第1期。

党养性、李强：《古代敦煌的移民与开发》，《张掖师专学报》（综合版）1992年第1期。

杨伟：《从敦煌文书中看古代西部移民》，《敦煌研究》1996年第4期。

杨芳：《汉简所见汉代河西边郡人口来源考》，《敦煌研究》2010年第3期。

魏迎春、郑炳林：《西汉敦煌郡移民研究》，《敦煌学辑刊》2021年第1期。

"简"读中国 敦煌汉简里的丝绸之路

伊循屯田固南道

文物简介

木简一枚

出土编号：Ⅰ90DXT0111②:73

1990年出土于敦煌悬泉置遗址

长7.8厘米，宽2厘米，厚0.2厘米

简牍残泐，内容清楚

　　该简为悬泉置留存的伊循都尉为其派往京师人员开具的过所文书抄件。简文中的"伊循都尉"为官职，"大仓"为人名。官职前的"敦煌"一词明确了其与敦煌郡的隶属关系，即伊循都尉隶属于敦煌太守管辖。自傅介子刺杀楼兰王安远，汉朝应允新王尉屠耆的请求在伊循城屯田。直到西汉末年，伊循屯田一直是保障丝路

南道畅通的重要措施。传世文献仅记载汉朝在伊循屯田始于汉昭帝元凤四年（公元前 77 年），但关于伊循屯田机构的管理以及伊循都尉的设置未见于史料记载。该简文为西汉经营与管理伊循城等相关问题填补了史料空白，为研究西汉和鄯善国的关系提供了重要的资料。现藏甘肃简牍博物馆。

简牍释文

□敦煌伊循都尉大仓谓过所县……传舍，从者如律令……

简文大意

该简文记载的内容是敦煌太守管辖的伊循都尉大仓，为其派往京师的人员开具了过所文书，要求沿途各驿站按律对其进行接待。

据《汉书·西域传》记载，元凤四年，汉昭帝派遣司马一人、吏士四十人在伊循城屯田。学界研究认为，伊循都尉设置的时间应当是在汉宣帝地节二年（公元前 68 年）或不久之后。伊循都尉的设置，标志着伊循城及鄯善国从原楼兰国的行政隶属关系转变为敦煌郡的辖区。由此可判断该简的时代背景当在汉宣帝时期。

阅牍延伸

在西汉通往西域的道路上，楼兰是自敦煌郡向西通使的必经之地，承担着迎来送往的重要任务。但由于接待任务负担过重，楼兰王不堪忍受，不仅劫攻汉使，还作为匈奴单于的耳目提供汉使的情报，以至于匈奴常常拦截并攻击汉使。楼兰王的行为引起了汉廷的强烈不满。于是在汉昭帝元凤四年西汉朝廷派遣傅介子刺杀楼兰王。

《汉书·西域传》记载，元凤四年傅介子斩杀楼兰王后，西汉扶立尉屠耆为新王，更其国名为鄯善。尉屠耆向西汉朝廷发出请求，自称长期生活在汉朝，现虽归国但依旧形单影只。而前任楼兰王尚有子嗣，家族背景雄厚，担心被其所杀。国内有一处地区为伊循城，土地肥美，希望汉朝能够派遣一将领在此屯田积谷，令他能够倚仗其军威治理国家。于是，汉昭帝派遣司马一人、吏士四十人在伊循城屯田。后期又提升了屯田的级别，设置了伊循都尉。至此，鄯善国就成为西汉经营西域南道的重要基地。

伊循城屯田开启了汉廷在西域驻军屯田的篇章，也加强了西汉与鄯善国之间的往来关系。关于汉朝在伊循城屯田的初始时间，《汉书》记载得十分明确。但是对于后期设置伊循都尉屯田积谷的时间，史书中却没有任何记载。学界研究认为，伊循城更设都尉应该在地节二年汉宣帝派遣郑吉屯田渠犁，加强经营西域的时代背景之内。进而有学者认为，伊循都尉设置的时间应当在地节二年或不久之后。伊循都尉的设置，也标志着伊循城及鄯善国已从原楼兰国的行政隶属关系变为敦煌郡的辖区。

汉宣帝元康元年（公元前65年），冯奉世持汉节在鄯善伊循城谕告丝路南北道的西域诸国王。此时西域都护府尚未设置，郑吉正在渠犁驻军屯田,率领士兵七千人与匈奴单于争夺对车师国的管控权。冯奉世可调遣的西域诸国兵数量极其有限,而此时伊循都尉引领的屯田士卒,便是冯奉世征伐莎车国的主要兵力。

那么这些在鄯善伊循城屯田的吏卒来源于何地呢?郑炳林等学者据《水经注·河水注》的记载,认为最初鄯善屯田的吏卒是由敦煌郡、酒泉郡派遣而来的,这表明汉朝最初经营西域主要是由敦煌等沿边诸郡负责的。悬泉汉简中有敦煌郡给所属县和伊循城下的文书,如"史安世、丞博德,下部县官伊循城承书从事,下当用者,书到,令亡人命者尽知之,期尽上赦者人数太守府,罪别之,如诏"(Ⅰ90DXT0110④:4),说明在鄯善伊循城屯田的人员主要是刑徒罪犯。

既然在鄯善伊循城屯田的吏卒是由敦煌郡、酒泉郡派出的,那么伊循都尉的管理权究竟归属哪里呢?《汉书》和汉简中所见伊循都尉均为汉人。据《汉书·西域传》记载,鄯善国的都尉为"鄯善都尉",而其他城郭诸国的均记为"都尉"。此外对征战有功的城郭诸国官员,朝廷会特封专门的名称,如"击车师都尉""却胡都尉"等。除"鄯善都尉"外,其余诸国的都尉均无以国名作为名称的,因此,"伊循(城)都尉"也应当不是属国的都尉名称。另外,《汉书》以及居延汉简等汉代文献中涉及伊循都尉的材料从未见有"属国"的记载。据悬泉汉简记载:"敦煌伊循都尉大仓……"在伊循都尉前面标明"敦煌"郡名,明确了其隶属关系。又有"敦煌大守遣守属冯充国,上伊循城都尉登印绶御史,以令为驾二封诏传。七月庚午食时过西。五凤元年五月戊午朔戊寅，敦煌大守常乐、丞贤谓部□□□为驾，当舍传舍，如律令"（Ⅰ91DXT0309③：193）。这也反映出在汉宣帝五凤元年（公元前57年），鄯善的伊循城都尉归属于敦煌郡管理。"敦煌伊循都尉臣大晨上书一封。甘露四年六月庚子上"（Ⅱ90DXT0216③：111），则表明到汉宣帝甘露四年（公元前50年），伊循都尉还属于敦煌郡管辖。因此伊循都尉一度受敦煌郡太守领属，并属于敦煌郡的部都尉。

汉宣帝神爵二年（公元前60年）日逐王归汉后，西汉朝廷设西域都护府，封郑吉为西域都护，护鄯善以西的南道诸国，如此，与原本负责西域事务的敦煌郡有了职能和管辖范围的划分，原本由敦煌太守负责管理的伊循城屯田的事务，此时也转由西域都护府管辖。

新疆若羌米兰古城遗址

伊循古城位于今新疆若羌县米兰东,是古丝绸之路的交通要道。自楼兰更名为鄯善并开始在伊循城屯田后,便成为西汉的属国。汉廷在伊循设置都尉并不断扩大屯田规模,保障了西域南道的畅通和南道诸国的社会稳定,为西域都护府的设立发挥了重要的作用。

参考文献

司马迁:《史记》,北京:中华书局,1959年。

班固:《汉书》,北京:中华书局,1962年。

王先谦:《汉书补注》,北京:中华书局,1983年。

郑炳林、司豪强:《西汉敦煌居卢訾仓城修筑与归属》,《敦煌学辑刊》2022年第1期。

魏迎春、郑炳林:《西汉敦煌郡通西域南道与对鄯善的经营》,《敦煌学辑刊》2022年第2期。

"简"读中国 敦煌汉简里的丝绸之路

屯戍车师保安宁

Ⅱ90DXT0214②:137A

Ⅱ90DXT0214②:137B

文物简介

木简一枚

出土编号：Ⅱ90DXT0214②:137AB

1990年出土于敦煌悬泉置遗址

长17.1厘米，宽2厘米，厚0.4厘米

简文残泐，但基本内容清楚

该简是敦煌太守府为在车师国屯戍到期，即将返回北军的中曲候令史礼调开具的一封传信。其中"建始五年"为汉成帝年号，即公元前28年。"部曲"为汉代军队的编制。据汉简记载，曲可分为前曲、后曲、左曲、右曲、中曲，曲有军候，秩比六百石。"令史"即候令史，军候之令史。汉成帝时在车师屯田部队完

成任务后需要返回北军，说明车师屯戍部队是隶属中央军北军系统的部队，其军官是隶属于北军的军吏，即为北军诸校之一。而传世文献却记载派驻于西域屯田部队的军吏，其更戍换防、派出军官等军队事务，由中垒校尉负责。该简文为印证车师戊己校尉的隶属、汉代中央北军工作系统、汉与车师国之间的关系，以及研究悬泉置的传舍制度提供了重要资料。现藏甘肃简牍博物馆。

简牍释文

建始五年……□田车师左部中曲候令史礼调罢将……候行丞……□□为驾诣北军，为驾一封轺传，有请。当……□史。敦煌太守府史。

简文大意

该简文记载的内容是汉成帝建始五年（公元前28年），一名叫礼调的令史曾被汉廷派遣去车师国屯田，在戍任到期完成其屯田的任务后，礼调准备返回北军复职。于是敦煌太守府为其开具了一封传信，要求沿途路过的驿站均要为礼调提供一封轺传。

悬泉汉简多见西域屯田军官戍任到期后返回北军的记录，说明西域屯田部队隶属中央军北军。汉元帝初元元年（公元前48年）在车师国始置的戊己校尉及所部屯兵，在军事上也隶属北军。但是其又肩负着镇守西域和屯田的双重职责，在镇守职责上需要听命于西域都护，在屯田事务上又由大司农领导。

阅牍延伸

车师国初名为"姑师",最早见于《史记·大宛列传》赵破奴率七百人掳楼兰王并破姑师的记载中。据《汉书》记载可知,车师是西域北道的重要国家,同时由于车师国水草肥美,也是西汉与匈奴争夺的要地之一。

汉武帝时期对车师的征伐已有多次。汉武帝自接见张骞并听其汇报西域诸国的情况后,便准备西通大宛等国家,于是派出使者前往西域访问各国。然而楼兰和姑师等国在主干道上,不仅攻劫汉使王恢等人,还数次作为匈奴耳目迫害汉使。归来的汉使多认为这两国虽然有城邑,但是兵弱。于是,元封三年(公元前108年)汉武帝派遣赵破奴、王恢出击姑师、楼兰,随后便掳获楼兰王,攻破姑师,汉朝列亭障直至玉门。此战后姑师余众北

新疆吉木萨尔车师古道

迁博格达山南北，改称"车师"，仍附于匈奴。太初三年（公元前102年），汉武帝令李广利率军征伐西域大宛国，李广利凯旋后，西汉把亭障修到盐泽（即今新疆罗布泊），并在轮台、渠犁之地开辟了屯田区，匈奴则继续把控着车师国。天汉二年（公元前99年），汉武帝以匈奴归降的介和王成娩为开陵侯，率领楼兰国兵出击车师国，匈奴单于派右贤王带兵救援，面对强大的援救势力，汉军只能撤退。

汉武帝征和二年（公元前91年），狐鹿姑单于将其弟左大将之子先贤掸封为日逐王，并派其驻守河西。后日逐王在丝路北道的焉耆、危须、尉犁三国间设置了僮仆都尉，征收赋税并统治西域诸国。征和四年（公元前89年），汉武帝命令重合侯马通率领四万骑兵出击匈奴，在路过车师国北侧时，派遣开陵侯成娩再次率领楼兰、尉犁、危须等六国的兵力攻击车师。诸国强兵共围车师国，车师王只能降服归顺汉朝。但由于路途遥远又缺乏食物，有数千汉军死在路上。汉军实力大减，无力长久控制车师国，加上匈奴此前不久在附近设置僮仆都尉，对西域北道的掌控力正盛，不久后车师倒戈。

汉昭帝时期因亲匈奴的质子安归被立为新任楼兰王，楼兰再次背叛汉朝。楼兰王安归经常充当匈奴的耳目，不仅发兵杀害了卫司马安乐、光禄大夫忠、期门郎遂成等汉使，还截杀安息国、大宛国派往汉朝的使者，盗取使节印信、贡献的物品。这些扰乱丝路稳定的行为使得西汉与西域诸国交好的策略受到了极大的影响。于是在汉昭帝元凤四年（公元前77年），汉使傅介子用计刺杀了楼兰王，随后楼兰改国名为鄯善。此前，匈奴可以操纵车师、楼兰两国，阻挠汉军主力进入西域南北两道，而当匈奴丧失楼兰这一堵截汉军的桥头堡后，已无力阻止西汉沿西域南道前进的步伐，塔里木盆地南缘便成为西汉的囊中之物。由此，车师成为匈奴能继续在西域北道立足的基础，其在地缘上的作用对匈奴也就更为重要了。匈奴便设法加强对车师的控制。至汉昭帝末年，匈奴单于派遣骑兵到车师屯田。在车师屯田既能给进入西域的匈奴军队提供足够的后勤保障，也能作为匈奴的军事据点，让匈奴得以袭击甚至切断西域南道。这无疑给西汉朝廷带来巨大的威胁。

汉宣帝即位后，于本始三年（公元前71年）分遣田广明、赵充国、范明友、韩增、田顺五位将军兵分五路，共率领十六万大军征伐匈奴。另外派遣常惠持节与乌孙昆弥共率领乌孙国五万余骑兵，从西方进入右谷蠡庭。在东西双方势力的夹击下匈奴大败，在车师屯田的匈奴人四散逃走，于是车师国再次归汉。后匈奴单于派使者到车师要求将太子军宿作为人质送去匈奴王庭，军宿逃往焉耆。车师王又立乌贵为太子，乌贵即位后与匈奴和亲，再次叛离汉朝而依附匈奴。

地节二年（公元前68年），汉宣帝刘询派遣侍郎郑吉等人在渠犁屯田积谷。秋收之后郑吉率屯戍士卒攻破车师交河城，车师王乌贵在北面的石城，未被俘获。由于军粮已消耗殆尽，郑吉等人只能罢兵回渠犁屯田。第二年秋收完毕后，郑吉再攻石城，车师王乌贵北逃，因匈奴未发一卒援助，乌贵后又返回车师降

新疆吐鲁番交河故城沟北墓地出土汉代怪兽啄虎纹金牌饰，
新疆维吾尔自治区文物考古研究所藏

汉。匈奴眼见车师这一进入西域的要地不保，发兵攻之，被汉兵阻拦。乌贵担心匈奴报复自己，逃往乌孙，郑吉迎其妻子置渠犁并送其至长安受赏。汉宣帝地节三年（公元前67年）西域城郭共击匈奴，匈奴令部分车师人东徙，立乌贵兄弟兜莫为车师王。次年，郑吉派遣吏卒三百人前往车师屯田后，匈奴认为车师土地肥美，发兵侵袭，汉军因寡不敌众被迫退入车师城内。为使郑吉能顺利从车师撤出，汉宣帝派常惠前往解救。之后汉扶立前任车师太子军宿为王，将大部分车师民众迁徙到渠犁。至汉宣帝神爵二年（公元前60年）匈奴日逐王先贤掸归汉，西汉趁机击破车师国兜訾城。同年，汉朝拿下西域北道，设立西域都护府管辖西域诸国，匈奴的僮仆都尉则就此撤销，其势力退出了西域，车师之地也随之归属汉朝,且被分为了前后两国。

至汉元帝初元元年(公元前48年),西汉朝廷在车师国设立了戊己校尉,保证了对车师的有效监护。据《汉书》记载,戊己校尉屯田于车师前王庭,设有丞、司马各一人,候五人,秩比六百石。汉成、哀、平帝时期,西汉与车师保持着良好的交往关系。新莽时期,由于对边疆民族实行歧视政策,西域诸国纷纷反叛。新朝天凤三年(公元16年),王莽派遣出征西域的五威将王骏兵败身亡,车师也终止了与西汉的往来。

参考文献

司马迁:《史记》,北京:中华书局,1959年。

班固:《汉书》,北京:中华书局,1962年。

范晔:《后汉书》,北京:中华书局,1965年。

贾丛江:《西汉戊己校尉的名和实》,《中国边疆史地研究》2006年第4期。

备具传车置边吏

文物简介

木简一枚

出土编号：I90DXT0309②:237

1990年出土于敦煌悬泉置遗址

长23.5厘米，宽6厘米，厚0.25厘米

简牍完整，上下栏书写，内容清楚

　　该简为汉宣帝神爵四年（公元前58年）御史大夫萧望之签发的传信，要求沿途各驿站按律为送戍卒戍边并带回罢卒的丞相史李尊提供轺传等相关接待。其中"椟"为一种小棺，"罢卒"为服役到期的戍卒，"御史大夫望之"即为萧望之。迎送戍卒属日常工作，无须皇帝过问，直接由御史大夫签发即可。戍卒由县征

发后,再经朝廷统一派遣,由官吏将其带至服役的戍所。服役到期后也需要由官吏统一带回故里,返程时国道沿途各驿站要按律为其提供食宿和物资补给。悬泉汉简多见由中央统一部署,护送各郡国戍卒到戍所以及迎送各郡国罢卒返乡的记载。传世文献虽然有戍卒实边的记载,但对河西地区戍卒管理的记载较为简略。该简文为研究西汉朝廷管理河西地区的戍卒、戍卒来源等问题以及悬泉置的传舍制度提供了重要的资料。现藏甘肃简牍博物馆。

简牍释文

神爵四年十一月癸未,丞相史李尊,送获(护)神爵六年戍卒河东、南阳、颍川、上党、东郡、济阴、魏郡、淮阳国诣敦煌郡、酒泉郡。因迎罢卒送致河东、南阳、颍川、东郡、魏郡、淮阳国,并督死卒传柰(椟)。为驾一封轺传。御史大夫望之谓高陵,以次为驾,当舍传舍,如律令。

简文大意

该简文记载,神爵四年十一月二十三日,御史大夫萧望之签发了一份传信。要求从长安出发向西北而行的高陵等郡县,按律为护送神爵六年开始到敦煌、酒泉郡戍边戍卒的丞相史李尊提供一封轺传接待,而李尊护送的这批戍卒来自河东、南阳、颍川、上党、东郡、济阴、魏郡、淮阳国等八郡国。此外,在丞相史李尊迎送河东、南阳、颍川、东郡、魏郡、淮阳国等六郡国的罢卒返回故里,以及督运亡故士卒传车时,也要按律提供接待。

据文献记载，汉宣帝神爵年号只有四年（公元前61年—前58年），但此简中却有"神爵六年"的记载。从简文内容来看，神爵四年发文接收河东等八郡国的戍卒，再护送到敦煌和酒泉郡。可知"神爵六年戍卒"的意思是原计划这批戍卒实际上要到神爵六年才开始戍边，"神爵六年"为当时预设的纪年，实际为五凤二年（公元前56年）。此外，该简文中的"高陵"为汉左冯翊属县，即今陕西西安高陵区。从长安向西北方向出发到达的第一站为高陵，因此御史大夫开具的传信会有"谓高陵以次为驾"的记载。

阅读延伸

戍边，顾名思义，即戍守边疆，是古代徭役的一种。服戍边徭役的人则被称为戍卒。戍边徭役起源很早，大致在西周时期就有文王遣送士兵守边的事情，至春秋战国时期已十分普遍。两汉时期，为防止匈奴的入侵，汉廷在河西边塞地带利用筑墙、栅栏、壕沟和天堑等多种形式构成坚固的屏障，牢牢地控制河西地区的水源、绿洲和牧场。这些屏障构成了行之有效的军事防御体系。其中居延和敦煌便是整个防御体系中极为重要的两个军事据点，因此西汉朝廷派遣大批的戍卒在此驻守。

那么戍卒服役的期限是多长呢？据战国时期的文献《尉缭子》记载，守卫边界为期一年，超过一年的服役期限往往会导致戍卒的反抗。如果还未等来接替的士兵就擅自离职的，按照临阵脱逃罪处罚。秦朝继承了春秋战国的戍卒徭役制度，随后西汉时期的戍卒徭役制度又大体上承袭了秦制，由县级政府主持并征发，征发戍卒时县尉和县令都必须参加，如果执行不到位就会受到惩罚。西汉早期由于匈奴入侵并伴随着诸王叛乱，在战事不断的情况下未必能对戍守的期限做出明确的规定。直到高后时期，汉匈和亲缓解了战事，以及诸侯王的平叛结束，国家安定后才有了"令戍卒岁更"的明确规定。汉文帝时休养生息，继续施行一岁一更的徭役规定。经过六十余年的休养生息，汉朝国力逐渐强大，汉武帝即位后，便对匈奴开展了大规模的反击。这一时期，西汉朝廷不仅要随时应对北方匈奴以及南羌部落的侵扰，还要保证在河西设立的四郡以及在西域伊循城屯田士卒的供应，在这种兵源紧缺的情况下，除征发外还采用"七科谪"补充兵力。但此时士卒的徭役期限依旧为一年。这说明西汉戍卒一年的役期至武帝时已成为定律。后又有明文规定，"戍边一岁当罢，若有急，当留守六月"。这些法律规定在居延汉简中也有明确的记载。因为当时戍卒的役期为一年，所以士卒的俸禄是按一年来结算。

两汉时期戍卒的服役年龄，历来众说纷纭。秦朝《傅律》规定，年满十五岁者须傅籍。汉景帝二年（公元前155年）下诏"令天下男子年二十始傅"。汉昭帝时，进一步提高始傅的年龄。汉昭帝后戍卒的年龄应在二十三至五十六岁之间。但是根据考古学的分期断代和纪年简牍的排比，汉文帝时期（最早为公元前179年）至汉光武帝时期（最晚为公元32年）出土简牍中所见戍卒的年龄与史籍所载并不完全一致。从汉简内容来看，汉代戍卒服役的年龄有早于二十三岁，晚于五十六岁的情况。究其原因，可能是边陲地带并未严格按照国家规定执行，十八至六十九岁之间的人均可服役。

戍卒往来行徙的工具有马车、牛车和驴车等。马车，简文中称为"轺车"。《晋书·舆服志》曰："轺车，古之时军车也。一马曰轺车，二马曰轺传。"四川汉代画像砖（石）上，轺车最为多见，驾一马、二马、三马和四马的都有。据学者研究，轺车的车厢较小，由轸、骑、轨等组成。轨即车前的挡板，内边的中间有圆形环柄，用以插伞盖的撑柱。轨外无轼，乘坐者从上面上下。车辕曲如舟，接着车衡，套在马颈上。车轮如辋（又称牙或轮鞣），由辐、毂组成，每轮有辐十六根，一端插于辋眼，一端插于车毂。毂如筒状，中空，套在连接两轮并承车厢的轴上。总之，轺车是一种轻便、快速的小车，车厢用舆制，上张伞盖，以坐人为主，结构简单，是边陲戍卒往来或

甘肃武威磨嘴子汉墓出土彩绘木轺车，
甘肃省博物馆藏

甘肃武威磨嘴子汉墓出土木牛车，
甘肃省博物馆藏

驿站常备的车辆。而所谓牛车，亦谓方厢车（或方相车），因车厢形方而得名；或以为"方相"原是古代驱疫避邪之神像，命名为方相车，乃取其驱疫避邪吉祥之意。它与圆形的轺车之舆迥异，车上一般有席篷大盖，是一种大车，直辕，车行速度不如轺车，载物却很适用，主要用于运输货物。秦汉时牛车的使用十分普遍，《史记·货殖列传》也有"轺车百乘，牛车千两"的记载。据史料记载，汉献帝出巡时也曾乘过牛车。而牛车在所有车辆中是数量最多的。至于驴车，在边陲地带很少使用，或仅以驴驮运货物。总而言之，在各类交通工具中，以轺车、方厢车为主，前者主载人，后者主运物，驴车虽有，但较为少见。

西北地区地热、多沙、冬大寒，在如此恶劣的环境下，戍卒的生活极为艰苦，因此戍卒逃亡、病死的情况时有发生。这必然会影响到实边屯戍活动的正常开展，进而影响到西北边防的安定与丝绸之路的畅通。为了有效管理边塞的戍卒，西汉朝廷制定了一整套严密的管理制度。

其中，名籍制度是西汉对戍卒管理最基本也是最行之有效的制度。居延汉简记载的内容表明，各燧长每月均要编制各烽燧人员配备情况的戍卒名籍，并向上级部门呈报。这些名籍不仅为西汉朝廷整体管理戍卒提供了依据，也成为了记录各烽燧戍卒人员增减情况的凭证。具体到个人的管理方面，主要体现为西汉朝廷为每位戍卒颁发了专门制作的"符"，其上明确记载了戍卒的姓名、年龄、籍贯、身高、体貌特征、身份以及资产等基本情况。

居延汉简中还记载了许多处理戍卒逃亡的内容，比如戍卒发生逃亡事件后，烽燧官吏要立即将逃亡者的姓名、籍贯、年龄、身高、体貌特征、携带的物品、逃亡时间及人数等信息，上报于上级部门，便于屯戍机构根据这些线索进行追捕。另外，甘肃河西地区出土的汉简材料表明，边塞戍卒的死因有很多，有因伤寒疾病死亡的，有因游牧民族入侵引发战乱死亡的，也有因政局动荡造成饥寒而死的，甚至有触犯刑法而死以及因个人矛盾导致械斗而死亡的。各烽燧一般都备有日常的医药，各屯戍均设有官医。此外，西汉朝廷建立了一套病卒名籍制度，使屯戍官署能够及时地了解戍卒的发病情况。对于戍卒病情久治不见好转者要及时上报上一级官署，病情特别严重者，还要采取"爰书"这一特别的方式上报。戍卒的病死"爰书"不仅是病因以及失亡情况的证明材料，同时也是上级追究屯戍机构管理戍卒病情以及死亡问题的法律凭证。

在居延屯戍的很多戍卒是携带家属的，也有家属去探望戍卒的情况。屯戍官署还为戍卒建立了专门的家属名籍。戍卒被抽调充任省卒，其家属也要跟随其一起去省作。屯戍官署建立的这些名籍一方面有利于对戍卒家属的管理，另一方面有利于国家对戍卒家属日常生活用品进行配给。但有些戍卒家属并不是戍卒携带过去的而只是过去探望戍卒，对于这些戍卒家属，朝廷同样也给他们提供粮食，而且屯戍官署也专门为其编造了名籍。西北地区戍卒家属的粮食供给是有差别的，不同年龄、性别的人其粮食配量是不同的。屯戍官署对戍卒家属的粮食供给基本上是充足的，可以保证戍卒家属的日常生活。而且戍卒家属的粮食供应是一

种政策性的规定，是受到保护的。这保证了戍卒家属在屯戍地区的生活，从而使戍卒可以安心屯戍。西汉朝廷定期向戍卒配给日常的生活所需，包括衣物和鞋子等。从出土文物来看，鞋子除布鞋、麻鞋外，还有皮鞋，衣物也是按季节发放的。

西汉朝廷派大批的戍卒防守边塞，戍卒在服役的一年内食宿皆由政府提供，甚至其携带的家属也同样被编制名籍并予以分配粮食。戍卒服役到期后需要由国家统一派遣官吏将其送回故地，阵亡或病死的戍卒也由政府组织送回故里。西汉朝廷对戍边的士卒进行的有效的管理，保障了西北地区的边防屯戍，进而维护了丝绸之路的畅通与繁荣。

敦煌悬泉置遗址出土布鞋、麻鞋、皮鞋，甘肃简牍博物馆藏

参考文献

司马迁：《史记》，北京：中华书局，1959年。

班固：《汉书》，北京：中华书局，1962年。

刘志远、余德章、刘文杰：《四川汉代画像砖与汉代社会》，北京：文物出版社，1983年。

王震亚、张小锋：《汉简中的戍卒生活》，载《简牍学研究》（第二辑），兰州：甘肃人民出版社，1998年。

胡平生、张德芳：《敦煌悬泉汉简释粹》，上海：上海古籍出版社，2001年。

李志远：《西汉西北地区戍卒生活研究》，东北师范大学硕士学位论文，2008年。

伊传宁：《汉代西北戍卒研究——以居延汉简为中心》，西北师范大学硕士学位论文，2011年。

贾强：《汉简所见河西边塞戍卒死亡原因考》，《青海师范大学学报》（哲学社会科学版），2019年第3期。

"简"读中国 敦煌汉简里的丝绸之路

遣送施刑士徒边

文物简介

木简一枚
出土编号：Ⅱ90DXT0114④:338
1990年出土于敦煌悬泉置遗址
长5.5厘米，宽1.3厘米，厚0.4厘米
简牍完整，内容清楚

该简是金城太守贤为前往伊循城送施刑士的亭长泰贺开具的一封过所文书。其中"施刑"为施刑士，是囚徒的一种，传世文献中并未有相关记载。另外，传世文献记载西汉朝廷派遣司马、吏士在伊循屯田积谷，之后设置都尉。此外，也并未见有其他屯戍人员的相关信息。简文"送施刑伊循"表明，在伊循城屯田的人员中，

不仅有汉吏、戍卒及其家属，还有一部分人员为施刑士，可能是流放的犯人。该简文为研究汉代派遣去往伊循屯田的人员、刑法管理以及悬泉置的传舍制度等相关问题提供了重要的资料。现藏甘肃简牍博物馆。

简牍释文

甘露三年四月甲寅朔庚辰，金城太守贤、丞文谓过所县道官：遣浩亭长惠（悫）贺以诏书送施刑伊循。当舍传舍，从者如律令。

简文大意

该简文记载的内容是汉宣帝甘露三年四月初一，金城郡太守贤开具了一封过所文书。要求沿途的县道按律为朝廷派遣前往伊循城送施刑士的亭长悫贺进行传舍接待。

该简文中"以诏书"表明调遣施刑士是依据诏书进行的，体现出施刑士的身份比较特殊。据汉简记载，施刑士除了征发、派遣之外，还有随军、随使到西域的情况。施刑士在戍边、劳作以及邮递等工作中，发挥了重要的作用。

阅牍延伸

西北地区出土的汉简中记录的"施刑"是哪种人呢？据张俊民等学者研究，施刑士是经皇帝下发诏书恩准的囚徒。据悬泉汉简中的传文书记载，远距离调遣施刑士是依据诏书进行的，即"以诏书送施刑"。也即是说,当时根据某一诏书将囚徒施刑后,再将其征派到需要的地方。而另一种记录送施刑士的文书是粮食出入簿,重点记录护送施刑士的官吏在悬泉置吃了几餐饭或多少升粟米。

除征发、派遣外,还有随将军、使者到西域的施刑士。悬泉汉简记载,汉宣帝元康二年(公元前64年)郑吉派遣尉丞敖护送五十名施刑士,以及元康五年(公元前61年)跟随长罗侯常惠出使西域的施刑士多达三百人,均在悬泉置受到接待。

简牍文书中有许多与施刑相关的资料。从甲渠候官为施刑士提供口粮的记录文书来看,施刑士与一般的屯戍戍卒几乎没有区别。简文记载,少吏与鄣卒的廪食量都是三石三斗三升,施刑士的廪食量是三石。据居延汉简记载,施刑士会被分配在边塞防御体系最基层的单位燧中,其日常工作或劳作任务应该类似普通的戍卒。燧卒的日常工作主要是候望、巡视天田、传递烽火信号等,有时还会参加除沙、伐茭和运茭等劳作。据悬泉汉简记载,

苣,以苇秆扎成的火炬,一旦发现敌情可点燃报警。内蒙古额济纳旗汉代居延甲渠候官遗址出土,甘肃省博物馆藏

木转射,烽燧守具,能观察敌情并发射箭矢。内蒙古额济纳旗汉代居延甲渠候官第四烽燧遗址出土,甘肃省文物考古研究所藏

类似悬泉置这样的邮驿机构也是施刑士劳作的场所之一，而悬泉置的施刑士是从太守府接收的。居延汉简记载施刑士"作一日当二"（73EJT1：83），即施刑士在居延劳作一天的工期可以按两天计算，而"北边候长、候史迹二日当三日"，即普通的候长、候史等小吏日迹两天才算三天。两者相较而言，可见施刑的待遇明显要比候长、候史还要高。这种优待又体现出施刑是一种比较特殊的身份，之所以特殊或许与因诏书施刑有关。

除此之外，还有反映施刑生活状况的文书，如追捕逃亡施刑士的文书。边塞地区人员逃亡的现象十分普遍，也并不仅仅只有施刑士才会逃亡。简牍文书中也记载了施刑士曾参与边塞地区的债务纠纷，这与普通戍卒在边地存在的债务纠纷情况是相似的。这些材料都说明施刑士同戍卒一样，已融进了边塞生活之中。

悬泉汉简中记载"其二人施刑会赦免"（Ⅱ90DXT0115①：37），其中"施刑会赦免"说明施刑士与其他囚徒一样，也会因皇帝的恩赐而被赦免。被赦免的施刑士在免除劳作后不仅可以从遥远的边塞回归故里，而且也可以自行决定继续留在边塞地区从事劳作。在居延地区从事屯作的施刑士在完成一定期限的服役后，也可以免罪。施刑具体的劳役期限可能是由原来的本刑决定的。

《汉书》记录有跟随将军讨羌的施刑士，也有随军在伊循城屯田的施刑士，至于其具体的劳作方式，史书中并没有提及，但出土的汉代简牍文书却记载了施刑士所在的不同劳作岗位及分工。施刑士可以在边塞守边，可以在候官所在地的鄣中劳作，也可以在邮驿机构中从事邮书传递的工作。施刑从西汉开始经王莽时期一直到东汉时期都有延续，是汉代对囚徒的一种管理方式。

参考文献

司马迁：《史记》，北京：中华书局，1959年。

班固：《汉书》，北京：中华书局，1962年。

张俊民：《西北汉简所见"施刑"探微》，《石河子大学学报》（哲学社会科学版）2015年第2期。

敦煌太守管得宽

文物简介

木简一枚
出土编号：Ⅰ91DXT0309③:193
1991年出土于敦煌悬泉置遗址
长23.5厘米，宽1.3厘米，厚0.3厘米
简牍完整，内容清楚

该简为敦煌太守派冯充国上交伊循都尉印绶而为其开具过所文书的录件。自汉武帝元鼎六年（公元前111年）设敦煌郡后，敦煌郡便成为汉通西域的重要地区。作为地方最高行政军事长官，敦煌太守在保障丝绸之路畅通与安宁方面发挥了重要的作用。其不仅要处理下属郡县的各项事务，还要参与到西域事务的处理中。此外

对于西域诸国的外客往来,敦煌太守不仅要提供接待还要派吏护送。传世文献多提及西域都护对西域的管辖,对敦煌太守肩负的重要职责和发挥的作用并未有过多的记载。该简文为研究西汉敦煌郡的管辖范围、伊循城的管辖权归属以及西汉如何通过敦煌郡对西域进行经营与管理等问题提供了重要资料。现藏甘肃简牍博物馆。

简牍释文

敦煌大(太)守遣守属冯充国,上伊循城都尉登印绶。御史以令为驾二封轺传。五凤元年五月戊午朔戊辰,敦煌大(太)守常乐丞贤谓敦煌□□□为驾,当舍传舍如律令。七月庚午食时过,西……

简文大意

该简文记录的内容是敦煌太守派遣守属臣冯充国,将伊循都尉的印绶上交到朝廷。御史上报要为其提供二封轺传,于是在汉宣帝五凤元年五月初一,敦煌太守常乐开具了过所文件,要求沿途各驿站按照相关规定,给予冯充国提供乘车和食宿等方面的接待。

汉宣帝神爵二年(公元前60年),西汉朝廷设置了西域都护府,管理西域诸国要务。但从该简内容来看,直到汉宣帝五凤元年(公元前57年),在鄯善国屯田的伊循还在敦煌太守的管辖之下。这说明虽然西域都护的职责与原本经营西域的敦煌太守之间有了划分,但是西域都护并非完全掌握着管理西域诸国事务的职能,其职能尚处于逐渐完善的状态。

阅牍延伸

张骞出使西域归来后,上奏汉武帝,称若通西域可达"广地万里"。汉武帝为了"断匈奴右臂",决定出兵河西解决匈奴势力的威胁。于是在元狩二年(公元前121年)汉武帝派年轻将领霍去病率兵征战河西,消灭了匈奴休屠王、浑邪王的势力,在河西地区设四郡、据两关,使河西地区正式归入西汉的统治之下。

西汉设置武威、张掖、酒泉、敦煌四郡的时间并不相同。其中敦煌郡是从酒泉郡分设而来的,而关于敦煌郡的设置时间史书记载存在争议。据《汉书·地理志》的记载,敦煌郡是在汉武帝后元年间(公元前88年—前87年)设置的。而据《汉书·武帝纪》,却是在汉武帝元鼎六年(公元前111年)。此外在敦煌的地理文书,如P.2691《沙州城土境》、S.5693《瓜沙两郡史事编年并序》以及P.3721《瓜沙两郡史事编年并序》等资料中,均记载敦煌城是在元鼎六年修建的。根据敦煌文献的记载,元鼎六年汉武帝命赵破奴主持修筑敦煌城,同时赵破奴修筑了敦煌郡的防御体系,包括塞城和土河,此外他还修筑了敦煌郡的水利灌溉体系。

自设置以后,敦煌郡成为汉通西域的重要基地。根据《汉书·地理志》的记载,敦煌郡下辖六县,即敦煌、冥安、效谷、渊泉、广至、龙勒。户一万一千二百,口三万八千三百三十五。这是汉平帝元始二年(公元2年)时的规模,也是西汉敦煌郡逐渐发展的结果。敦煌郡地处东西交通要道的咽喉地带,而敦煌太守作为地方最高行政军事长官,在治理郡县以及沟通西域诸国等方面发挥了特殊的使命和作用。

敦煌郡地处西汉军事体系的最西端，北邻匈奴南接羌，向西可达西域。因此在西汉朝廷隔绝羌胡的过程中，敦煌起了重要的作用。据吴礽骧、张德芳等学者研究，在河西四郡中，敦煌郡的防线最长，自西向东共设有玉门、中部、宜禾和阳关四个都尉，下辖多个候官（如图所示）。其中玉门都尉位于龙勒县北境，其下辖有大煎都、玉门两个候官。中部都尉位于敦煌县北境，其下辖有平望、破胡（后改为步广）、吞胡、万岁等四个候官。宜禾都尉驻守敦煌郡北境塞防，西起宜禾候官介遂，东止酒泉郡西部都尉，其下辖有宜禾、鱼泽、昆仑、美稷、广汉等五个候官。阳关都尉位于龙勒县南境，负责敦煌西部和南部的诸障隧，其下可能辖有雕秩候官和博望候官等。南部的防御任务虽然不如北部严峻，但防线仍然很长。西汉朝廷如果出兵攻击匈奴右部，基本都是从敦煌郡北部的酒泉都尉发兵的。敦煌郡的昆仑障、玉门关、阳关等塞城，都是通往西域诸国的主要关塞。

敦煌郡所驻守的军队平时负责边塞防守，战时集中调派出

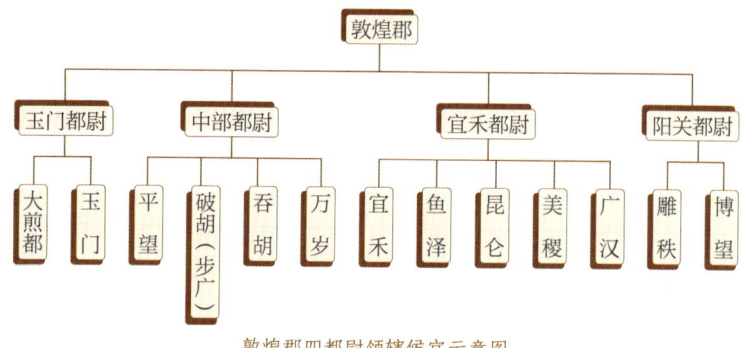

敦煌郡四都尉领辖候官示意图

征。其中最典型的事件就是汉宣帝神爵二年（公元前60年）羌人反叛，西汉朝廷派遣后将军赵充国率兵六万镇压叛乱，河西四郡的郡兵也在调派之列。汉宣帝令敦煌太守快率兵二千人，酒泉侯冯奉世等率兵四千人以及破羌将军辛武贤率兵六千多人配合赵充国平叛乱。据郑炳林等学者研究，在平定羌乱后，敦煌郡又成为西汉经营南羌的重要基地。汉廷将归降的南羌诸种落安置在敦煌郡辖属的诸县内，并建立不少以羌人为主的聚落，这些羌人成为敦煌郡在编的居民。另外，敦煌郡其下设有郡库，郡库作为敦煌太守府管辖的武库，下属库令、库丞等吏员。郡库掌管着敦煌郡所有的车辆、马匹、兵器等各种物品，同时还兼管西域的兵物。

汉昭帝元凤四年（公元前77年），因楼兰王充当匈奴耳目劫掠并杀害汉使，汉廷派平乐监傅介子刺杀楼兰王后，立尉屠耆为新任楼兰王，并更其国名为鄯善。因鄯善王尉屠耆上书西汉朝廷请求派遣将领在伊循城屯田积谷，便于借助汉朝的势力与威望管理其王国，于是汉廷派遣司马一人、吏士四十人开始在伊循城屯田。伊循城是丝绸之路南道上的必经之地，伊循屯田则是西汉自轮台、渠犁之后的又一处西域屯田基地。汉昭帝元凤四年在伊循城屯田派遣的屯田士兵来自敦煌，西汉在渠犁屯田的士兵也是由敦煌郡派遣的。这说明西汉朝廷在西域诸国的屯田士兵出自敦煌郡，其行政上也是属于敦煌太守管辖。悬泉汉简记载了敦煌太守派遣守属冯充国将伊循都尉的印绶上交于西汉朝廷，要求沿途各地按照传信规定给予其乘车和食宿接待。上交伊循都尉印绶这件事由敦煌太守负责，这也是敦煌太守领属伊循屯田的重要证据。

由此可知，敦煌太守不仅要管理敦煌郡下属六县的日常行政，还要管理玉门等四个都尉驻防的南北六百多公里长的边界，把守阳关、玉门关两关的边关重地，还要管理伊循屯田驻军和吏卒的派遣。就其行政职责来看，敦煌郡在河西四郡中肩负的责任更为重大，在当时中西交通和西域诸国的管理上发挥的作用更为特殊。

汉代朝廷官员使者出行，沿途驿站均要根据其身份地位以及传信内容提供食宿接待。敦煌郡下属的类似于悬泉置这样的驿站机构从东到西共有九处，东起渊泉置，西行经冥安、广至、鱼泽、鱼离、悬泉、遮要、敦煌，至最西的龙勒置，这些驿站在交通线上发挥着同样的作用。它们不仅要负责接待汉廷官员使者，还要接待在丝绸之路上东西往来的各国王公贵人。敦煌地处疆域最西边，凡西域、中亚、西亚、南亚各国来汉的王公贵人使者都会受到接待。悬泉置遗址出土的《康居王使者册》，记载了康居土使者、苏薤王使者在路过酒泉郡时，因未得到接待以及所贡货物评

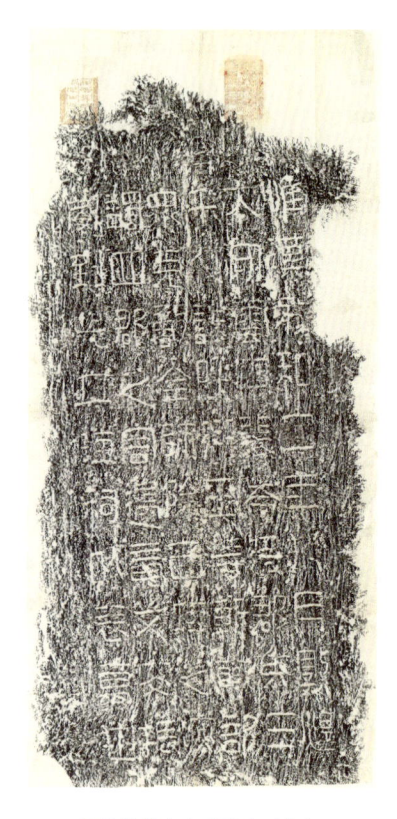

记述敦煌太守裴岑击败匈奴呼衍王事的东汉《裴岑纪功碑》拓片，中央美术学院图书馆藏

估不实而将此情况上告朝廷,这就是典型的例证。从悬泉汉简出土的材料来看,接待外国使者和汉廷官员的餐饮供给,除了米、粟、麦等日常主食外,还必须有酒肉,这在当时属于特殊的礼遇。而汉廷官员出使西域受到接待的记载,最典型的就是悬泉置遗址出土的《过长罗侯费用簿》简册,其记载了长罗侯常惠及部下共三百八十二人路过悬泉置,悬泉置提供了牛肉、羊肉、鸡、鱼、酒以及粟、庚(羹)、豉、酱、鞠(曲)等食物,主副食和酒肉多达十多种。目前尚未发现过往的官吏使者吃住、用车后,有支付相关食宿费用的记载,显然这笔巨额开支是由当地政府承担的。由此可见,敦煌郡下属的九个驿站日常接待费用都是由敦煌郡承担的。敦煌郡承担了来往于丝绸之路上各类人员的食宿交通接待,这也是敦煌郡在丝绸之路物质保障方面做出的贡献。

汉宣帝神爵二年(公元前60年),西汉朝廷设置了西域都护府,使之成为中央政府管理西域诸国军事、纠纷事件的行政机构。根据张德芳、郑炳林等学者对悬泉汉简材料的研究,曾为征伐乌孙而修建的军储仓库居卢訾仓,在汉成帝河平四年(公元前25年),已隶属于西域都护府下属的车师戊校管理。自汉昭帝元凤四年(公元前77年)开始管辖鄯善伊循城屯田事务的伊循都尉原本为敦煌太守管理的官吏,而悬泉汉简记载,自西域都护府设置以来,伊循屯田事务也由车师戊己校尉兼领。居卢訾仓与伊循屯田管理权归属的改变,表明西域都护府自设置后,其职能经历了扩大与完善的过程,与原本经营西域诸国事务的敦煌郡之间有了明确的职能和管辖范围的划分。在双方职能分工明确之后,像居卢訾仓与伊循屯田机构这些原本属于敦煌郡管理的西域事项，便归属西域都护府管理。

西汉时期，中央政府主要通过敦煌郡对西域诸国进行管理。虽然汉宣帝神爵二年（公元前 60 年）设置了西域都护，并对西域诸国有督察与安辑的职责，但是在与西域诸国往来与接待方面，敦煌郡依然起到了极其重要的作用。在西域都护府设立之初，对西域诸国的安辑与镇抚工作，西域都护都需要敦煌郡太守的协助。由此可见，西汉中期汉武帝设立敦煌郡并赋予它特殊的职能，使之成为西汉朝廷经营西域以及物资储备供给的后备地区。

从军事驻防、行政管理到后勤物资的保障等诸多方面来看，相较于其他四郡而言，敦煌郡起着特殊的作用。敦煌郡所承担的角色以及其所起的作用，是特殊的地理位置及其背后汉朝强大的国力共同作用的结果。

参考文献

班固：《汉书》，北京：中华书局，1962 年。

吴礽骧：《河西汉塞调查与研究》，北京：文物出版社，2005 年。

张德芳：《汉简中的敦煌郡》，《甘肃日报》2020 年 7 月 1 日。

郑炳林、张静怡：《西汉敦煌郡的设置和敦煌城的修筑》，《敦煌学辑刊》2021 年第 2 期。

郑炳林：《西汉经敦煌郡对南山羌的经营》，《敦煌学研究》2022 年第 1 期。

第四单元 通达万物

「简」读中国 敦煌汉简里的丝绸之路

邮行有程

文物简介

木简一枚
出土编号：Ⅱ90DXT0214①:130
1990年出土于敦煌悬泉置遗址
长19厘米，宽2厘米，厚0.3厘米
三栏书写，每栏四行
简牍完整，内容清楚

　　该简记载了从武威郡到酒泉郡沿途十四个地点及其之间的里程数。传世文献仅记载了丝绸之路的开辟以及由此而产生文明的交汇，该简与甲渠候官遗址所出的驿置道里簿，则完整地记录了汉代从京城长安到敦煌的路线走向、里程以及沿途经过的县置，是西汉"列邮置于要害之路，驰命走驿，不绝于明月"的反映。该简的出土不仅印证了汉代丝绸之路的存在，更点明了丝绸之路东段的具体走向，为2014年"丝绸之路"申报世界文化遗产名录提供了重要史料佐证。总而言之，该简是研究两汉时期丝绸之路走向、丝绸之路东段交通节点城市以及汉代交通邮驿制度的重要资料。现藏甘肃简牍博物馆。

简牍释文

仓（苍）松去鸾鸟六十五里，鸾鸟去小张掖六十里，小张掖去姑臧六十七里，姑臧去显美七十五里。氐池去觻得五十四里，觻得去昭武六十二里，府下，昭武去祁连置六十一里，祁连置去表是七十里。玉门去沙头九十九里，沙头去乾齐八十五里，乾齐去渊泉五十八里。右酒泉郡县置十一，六百九十四里。

简文大意

该简文分三栏，记载了丝绸之路上从武威郡至敦煌郡的交通线路。其中第一栏从右往左记载了自武威郡的苍松至张掖郡显美沿途各县置的里程，第二栏记载了自张掖郡的氐池至酒泉郡的表是沿途各县置里程，第三栏记载了自酒泉郡的玉门至敦煌郡的渊泉沿途各县置的里程。

汉代的邮驿制度相当完备，驿传设置严密且规范。汉朝在邮驿通道上三十里设驿、十里设亭、五里设邮，汉律规定的"邮行有程"在西北汉简中也屡见不鲜。传置除传递邮件外，还要接待过往官员。

阅牍延伸

在西戎、北狄占据西北广大地区的先秦时代，早期的游牧民族就已经开拓出了一条贯通亚欧大陆的草原通道。周穆王驾八骏西极昆仑会西王母的传奇故事，给我们留下了关于这条通道的神奇想象。

敦煌莫高窟第 249 窟主室南坡上的西王母出行壁画

《穆天子传》是一部具有小说意味的古书，书中的周穆王从洛阳出发，经过河北，绕道山西和陕西北部，到达青海、新疆和中亚。从考古出土的文物来看，《穆天子传》的记载并非没有根据。考古工作者在吐鲁番盆地西缘的鱼儿沟、阿拉沟一带清理出大批从春秋到秦汉时期的古代墓葬。在新疆托克逊的阿拉沟，近年出土了春秋战国时期的黄金饰品，其中在阿拉沟遗址的第 28 号墓中发现了一件凤鸟纹的刺绣，这件刺绣无论是其本身的丝织质地还是凤鸟图案都源于中原无疑。另外，在第 18 号墓中还发现了战国时代的漆器，以及同样精致的丝织品，显然也是源自中原地区。在阿勒泰地区的古墓中，也曾出土过春秋战国时期内地制造的青铜小镜和丝织品。在新疆克尔木齐古墓群中则发现了一面战国铜镜，这面铜镜与河南虢国墓出土的铜镜基本一致。在罗布泊的古墓中，发现过海菊贝制成的饰珠，这种美丽的贝壳只出产在我国东南沿海地区。这些考古发现表明，早在先秦时期，中原与西域地区的交流就已经开始。此外，在甘肃天水放马滩秦墓还出土了木板地图以及纸本地图，除绘有河流、山脉、峡谷等地形外，还绘有交通线，说明古人很早就已经注意到了交通的重要性。

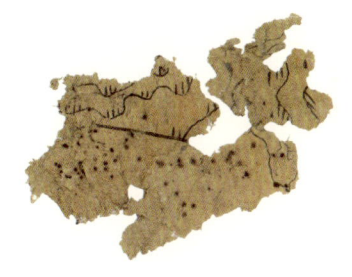

甘肃天水放马滩秦墓出土木板地图，甘肃简牍博物馆藏

甘肃天水放马滩秦墓出土纸本地图，甘肃简牍博物馆藏

自张骞出使西域后，汉朝对西域便有了一个较为清晰的了解，也逐渐向西域国家彰显汉朝强盛的国力，吸引西域国家派遣使者东来。西汉与西域双向的、正式的官方交流自此开始。由于丝绸之路的繁盛与稳定，由中原通往中亚的新通道，借助河西走廊，大幅缩短了交通里程。"丝绸之路"的概念最早由德国学者李希霍芬提出。学界普遍认为古代"丝绸之路"由古都长安始发，经陇中高原、河西走廊以及西域地区，横贯中西亚，联合欧

非洲。这条丝绸之路是广为人们所熟知的，但是它的具体路线是怎样的，在居延里程简以及悬泉里程简现世之前，人们并不是十分清楚。

居延和悬泉置遗址出土的里程简，因记载原始里程，又被称为"传置道里簿"。二者共同记载了汉代从长安到敦煌的具体走向与里程数，详细勾勒出丝绸之路东段长安到敦煌沿途各个节点城市的具体里程，为全面了解汉代中西交流人员在东段的具体行程路线和所需要的时间提供了最直接的资料。2014 年，第 38 届世界文化遗产大会在卡塔尔首都多哈举行，中国、哈萨克斯坦、吉尔吉斯斯坦三国联合申报的"丝绸之路：长安—天山廊道的路网"成功入选世界文化遗产名录，悬泉里程简和居延里程简因明确记载了丝路东段的走向，为丝绸之路申遗提供了重要的佐证材料。

据郝树声等学者对居延里程简和悬泉里程简记载内容的研究，两汉时期从京师长安到敦煌的路线具体走向，应是先经今陕西兴平境内的茂陵，过乾县、永寿、彬州进入泾河流域，再过长武进入甘肃东部的平凉和宁夏南部的固原，再过甘肃的靖远、景泰、古浪直到武威。然后西行经武威丰乐镇、永昌、山丹，沿弱水（今甘肃山丹河）南岸到民乐。渡张掖河向西北而行，经张掖西北的西城驿沙窝北古城到临泽，到高台西北行至酒泉。经酒泉到玉门，渡过石油河到瓜州便进入了敦煌境内。里程简记载了从长安到敦煌沿途停靠的站点共计四十六处（包括敦煌郡的九处），正是得力于沿途设置的这些馆舍邸店的支撑，两汉时期的

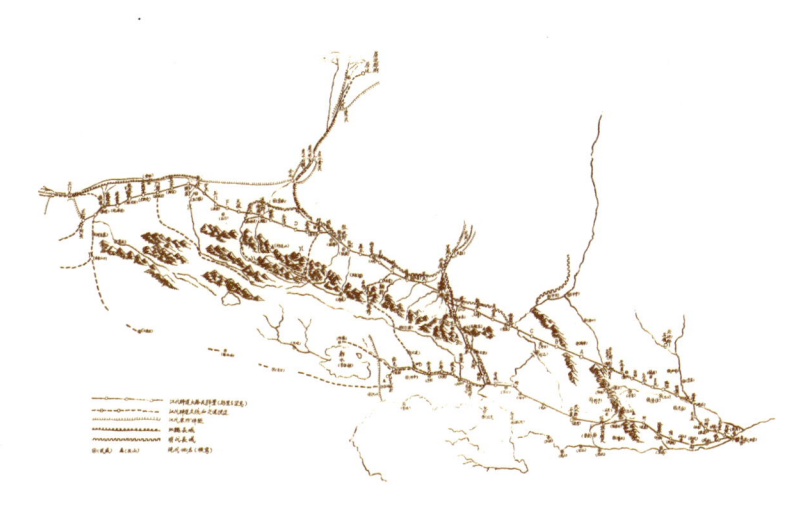

汉长安至敦煌驿置道示意图，引自初世宾《汉简长安至河西的驿道》

丝绸之路才得以畅通和繁荣。

　　汉代丝绸之路东起京师长安，经咸阳分两道向西而行。一道沿泾河流域，经固原、景泰进入河西地区。另外一道沿渭河流域，经陇西、金城进入河西地区。沿河西走廊西行经武威、张掖、酒泉到敦煌，出玉门关或阳关到西域。根据学界对汉简内容的研究，丝绸之路的走向与路线可分为京畿段、安定段、武威段、张掖段、酒泉段和敦煌段等六段，每站相距约四十公里。唐代敦煌文书《沙州都督府图经》卷三中记载的开元时期十九站的交通路线更加翔实，这也说明了汉唐丝绸之路路线走向的继承关系。不管是对小规模的中转贸易还是大规模的远途运输而言，这些沿途驿置、县置均可为相关人员提供食宿以及后勤补给。

　　两千多年来，这条东西相连、南北交错的交通网承担着我国内地与西域之间以及中国与亚、非、欧一些国家或地区之间政治、经济、文化联系和交流的重要任务。所谓"丝绸之路"的历史，就是沿途各国、各地区、各民族之间友好交往的历史。

参考文献

司马迁：《史记》，北京：中华书局，1959年。

班固：《汉书》，北京：中华书局，1962年。

钱伯泉：《先秦时期的"丝绸之路"——〈穆天子传〉的研究》，《新疆社会科学》1982年第3期。

郝树声：《敦煌悬泉里程简地理考述》，《敦煌研究》2000年第3期。

董莉莉：《丝绸之路与汉王朝的兴盛》，山东大学博士学位论文，2021年。

通信持传

文物简介

木简五枚

出土编号：Ⅱ90DXT0216②：866—870

1990年出土于敦煌悬泉置遗址

长23.2厘米，宽1.4厘米，厚0.3厘米

简册完整，内容清楚

此五枚简出土时后另有六枚简，分别为两份册书。此五枚简字迹相同，柽柳材质，中间有脊，均为两行形制，编绳较细。后六枚简字迹相同，属于敦煌太守府下发的关于使者巡县的公文书。两份册书编连在一起的情况罕见，可能是便于存档的缘故。此五枚简为悬泉置留存汉元帝永光五年（公元前39年）御史大夫郑弘下

Ⅱ90DXT0216②：866—870

发全国追查守御史李忠丢失传信的录文。该简册呈现了汉代由上而下完整追查丢失传信的程序，因此学界称其为《失亡传信册》。传信是古代官吏出行享用食宿以及乘车的通行凭证，传世文献对于传信的形制有明确的记载。但是关于传信的管理制度却未曾有任何记录。该简册为研究册书形制、文书逐级下发过程、公文下行的效率以及汉代传信管理程序等问题提供了重要的资料。现藏甘肃简牍博物馆。

简牍释文

永光五年五月庚申，守御史李忠随当祀祠孝文庙，守御史任昌年，为驾一封轺传，外百卅二。御史大夫弘谓长安长：以次为驾，当舍传舍，如律令。永光五年六月癸酉朔乙亥，御史大夫弘移丞相、车骑将军、将军、中二千石、二千石、郡太守、诸侯相：五月庚申，丞相少史李忠守御史假一封传信，监当祀祠孝文庙事。己巳，以传信予御史属泽钦，钦受忠传信，置车笭（軨）中，道随亡。今写所亡传信副移如牒。书到，二千石各明白布告属官县吏民，有得亡传信者，予购如律。诸乘传驿驾厩令长丞丞案，莫传有与所亡传同封弟者，辄捕系，上传信御府。如律令。七月庚申，敦煌太守弘、长史章、守部候脩仁行丞事，敢告部都尉卒人，谓县官，官写移书到，如律令。掾登、属建、佐政光。七月辛酉，效谷守长合宗、守丞敦煌左尉忠，告尉，谓乡、置，写移书到，如律令。

简文大意

该册书记载的内容是永光五年五月十七日,守御史李忠受命督查各地孝文帝庙的祭祀情况,御史大夫郑弘为其签发了驾一封轺传的传信,要求长安地区的沿途驿站均要按律为其提供轺传接待。因五月二十六日守御史李忠将传信交给了御史属泽钦,后者将传信放在了车厢之中,结果导致传信在途中丢失。于是,二人立马将丢失传信一事报告给了朝廷。六月初一,御史大夫通过丞相、车骑将军、将军、中二千石、郡太守,在全国范围内发出追查失亡传信的通告。通告中抄录了传信的具体内容,声明如果有人上报了这份丢失的传信,依律予以奖赏,而各传置机构如果发现有持与丢失的传信相同编号者,应立刻实施抓捕并把传信归还给御史府。七月十八日,敦煌郡太守府下发了太守、长史、丞三者联名的公文。七月十九日,效谷县守长和守丞在接到通告后继续向下转发。

从内容来看,该册书当为效谷县下发给悬泉置的文件。其中记载的传信签发、丢失以及追查的具体时间都十分明确。从传信发出到发现传信丢失接近十日,而从发现丢失到发出追讨通告不过八日。从通告发出到敦煌郡收到并转发了通告,大概有一个半月。仅过了一天,效谷县就接到了从敦煌郡发出的通告,并下发到了悬泉置。可见,当时下发公文的效率较高。

阅牍延伸

　　传舍是由政府设置的,主要为外出办理公务的官吏提供免费食宿以及通行车马的招待场所。传舍制度最早出现在战国后期,并一直延续到东汉末期。官吏享用食宿以及出行车马的前提是要持有官府开具的"传"或"传信"。

　　传是汉代的通行文书,是需要随身携带的出行凭证,类似于现代的介绍信。据学界研究,汉传一般为长一尺(汉一尺约为23厘米)到一尺三寸(汉一寸约为2.3厘米)、宽二寸左右的木牍。上面注明具体的年、月、日,持传者的官职、姓名,同行者的身份、出行任务与最终目的地等基本信息,持传者到达各传舍后需供应的膳食、提供的住宿,以及调用传车的规格、数量、使用情况等。传信的编号写于最后,只有由中央政府御史大夫签

贵州赫章可乐乡出土东汉武阳传舍比二铁炉,贵州省博物馆藏

发的传信才有编号。传舍的官吏在查验传信时会重新抄写一份作为副本存档备案，待持传者离开前会在原件上注明享食的最后日期，再将传信重新封好交还给持传者。在完成接待任务后，负责传舍的官吏还会根据持传者享用的食宿等情况做好记录并定期汇总呈报于上级部门。

传的使用比较普遍，无论是官员还是平民出行时均要携带。按照使用人身份的不同，可以将传分为官用公、私事传与民用公、私事传。官用公事传不用当事人自己申请，由派出部门直接签发，民用传则无论公私均需要自己申请。某些情况下官用传还会被称为"传信"，因为此时持传不仅是为了出行，还可以调用官方驿马。总的来说传信的签发分三种情况：

一、御史大夫签发的传信

传信的管理制度，史籍中没有记载，从悬泉汉简中的"有请诏"和"承制诏侍御史"（Ⅱ90DXT0214 ③:73）可知，申请此类公务用传时，需要事先向皇帝请示，皇帝批准后下诏书，诏书上会言明持传信人的身份、姓名、申请理由、所享受的待遇等情况，由侍御史告知御史大夫，最后由御史大夫按照诏书要求对传信进行加封。传信下发给何地，取决于持传信者出行的路线。传信中常见的"以次为驾"与"当舍传舍"实际传达了两方面的命令：一是沿途的厩等要依次提供车马换乘，二是沿途的传舍要为持传者及随从提供食宿。具体行程、换乘地点直接取决于路线与传车等级、速度，等级、速度则与事由、紧急程度以及持传者身份有关。

二、郡级官府签发的传信

在郡县执行诏书中所要求的抓捕罪犯、送施刑、送徙民、买传马等临时性工作时，郡县的官吏也可以使用传舍。敦煌悬泉汉简中记载有县道因紧急事件，比如追捕逃到县外的罪犯，或因紧急突发事件需要向朝廷上书等，均可使用传舍。根据侯旭东等学者的研究，这类传信通常由郡守与长史、丞三人联署签发，某位不在时则由其他官员兼行其职而签发。兼行太守事的有库令、长史与骑司马，长史则由守部千人、守部候与库令兼行，丞的情况亦近似。有时也会由太守与长史或丞两者之一联署签发，一些派遣官吏去属县的传甚至由郡太守一人签发。此外，据汉简记载，敦煌郡中部都尉、行（居延）都尉事的居延城司马与酒泉玉门都尉都有签发传信的情况，说明关都尉亦有签发传的权限。

此类公务用传程序上比较简便，由所属主管官员向其他部门说明具体情况，然后由主管郡县级官员署名、封印即可。和中央签发的传信简相比，最大的区别就是没有编号，而且享受的传车、传食、传舍等服务也有限。而按照"律"的规定，最初传车只有朝廷的御史大夫签发的传信才能调用，郡守一级本无此项权力，最晚在汉宣帝时，在"令"中补充规定郡守、都尉在某些特定情况下拥有此权力，等于扩大了郡守、都尉的权限。不过，内容决定形式，因要动用传车，文书的形式也要仿照御史大夫签发的传信，采用上下两文书的格式。

三、县级官府签发的传信

根据学界研究,县令长、丞或守丞也可以签发或联署签发传信。此外,军事系统中相当于郡县级别的官员也有权签发,比如边境屯戍军队中相当于县一级的候或守候。

其中公事用传有因县内突发情况而签发的,如追捕杀人贼,还有为郡的工作而签发的。按照律令,私事用传由县签发。因私事需要用传时,首先由持传人向乡级官员提出申请,乡级官员对其身份进行核实,确保此人没有涉及司法案件,没有拖欠赋税、躲避徭役等情况,属正常出行,然后向县级官员上报,说明详情。县级官员对此人信息进一步核实,然后向其所经过和所到地方的官员通报说明,最后由主管县级官员署名、封印。一般情况下,此类传没有编号,也不能享受传车、传食、传舍等服务。如

四川出土东汉庖厨画像砖拓片,引自高文《中国画像石全集·四川汉画像石》

果违反相关的管理规定,则会受到相应的处罚。西汉初《二年律令》规定,仅"尤急"与"言变事"两种情况下才能为县道官吏提供传食,说明县道一级官吏通常不能享用传食。享用传食须持传,因此,县道长官一般是不能签发传的。

不同于御史大夫签发的传信,郡县官府签发的除了"以令为驾""有请诏"者可动用传车外,其余外出官吏需自备马,个别的也备有车,主要在沿途传舍解决饮食与住宿,故传中只注明"当舍传舍,如律令",如有随从,则为"当舍传舍,从者如律令",意思是住宿传舍与接待随从均要依照律令的规定。由此可见"传车马"主要服务于朝廷使者,"传舍"则无论朝廷使者、郡县官吏皆可利用。

由此可见,由中央朝廷所管辖的军吏调动、送外国使者、千石官员赴任以及归义民族事项等相关事务的处理,需要经过皇帝批准才能签发传信,有时还可以通过"请诏"的形式奏请皇帝备案。其余大量日常性的事务,比如迎送戍卒、运送物资、送徙民、迎接天马等贡物,朝官经由御史大夫可直接签发,地方紧急情况由郡、县签发,无须再向朝廷汇报。这是君臣政务分工的体现。

传信权限表

权限	级别		
	中央朝廷	郡国(都尉)	县道(候)
是否可调用传车	可用	个别情况下依令可用	否
是否可使用传舍	可用	可用	紧急情况或奉诏可用

关于传信的管理史籍没有记载。传的使用期限，应在考虑什么时候使用、什么时候到目的地、什么时候丧失使用价值三个因素的情况下确定，并无严格的时间限制。传的使用人在沿途将会接受包括县、邑、道、侯国、河津、关等处的查验。工作人员将按顺序对行人所持有的传、致籍进行查验，查验方法为对比本人情形与传中记录的信息是否一致，查验后会对相关文书进行誊抄并归还原件，誊抄后的副件会存放在查验机关。

但是在人们远途出行时，由于行走路线中地理形势多变等原因，会使得出行人在行程中遇上一些突发状况，从而导致随身携带的传丢失。没有传就相当于失去了出行资格，出行人便无法继续前行。丢失的传如果不能及时找回，用传人便需要重新申请。肩水金关汉简中就有一份关于重新办理传的记录，具体内容如下：某人拿着觻得县开的传前往居延拿衣物时，在返程途中落水，丢失了所持的传，某人因此返回了目的地。目的地依据先前的传抄件确定此人的确有出行资格，并为其补办了传信，补办时不再写原开具机关，而是直接写目的地政府。从中可知，补办传时应当说明丢失原因以及原传的开具机关。学界推测，传的补办机关在到达目的地之前为出发地政府，到达目的地之后为目的地政府。另外，如果丢失传的人是外出办公的官员，还会导致无法按时完成工作任务，更严重的可能还会被捡到的人用以进行犯罪诈骗。因此一旦发生传丢失的情况，官府便会对外发布遗失声明。悬泉置遗址出土的《失亡传信册》就展现了这一过程。由此简册可知，对于传信的丢失，当时已经有了一套比较成熟的追讨流程。御史大夫发出在全国范围内追查失亡传信的通告后，会将文件发给丞相、车骑将军、将军、中二千石、二千石、郡太守、诸侯相等秩比二千石的官吏，再由这些二千石官吏布告所属各级官吏及百姓。从通告的内容来看，首先要对丢失传信的原委做简单的说明，然后依据开具机关存放的副件，对所丢失的传信内容原文进行誊抄。最后对传信的拾得人、盗用人以及传信本身的处理做了具体交代。各地根据下发的失亡传信副录核查，如有捡到此传信者，依律上交传信并予以奖赏。各地置传机构若发现有人盗用此传信，则应立即实施抓捕，并将该传信上交御史府。

　　汉代无论是朝廷官员还是地方郡县官吏，外出办理公务的情况相当普遍。出行的官吏须持有官府开具的传信，才能享用沿途驿站提供的食宿与交通工具。上至皇帝、御史大夫，下到地方郡县官吏，皆可签发传信。传信签发的官吏、程序、所调用的资源均有一定的规定，不同级别根据持传者身份所签发的传信内容不同，与之对应的接待规格也各不相同。

参考文献

司马迁：《史记》，北京：中华书局，1959 年。

班固：《汉书》，北京：中华书局，1962 年。

赵克尧：《汉代的"传"，乘传与传舍》，《江汉论坛》1984 年第 12 期。

张德芳：《悬泉汉简中的"传信简"考述》，载《出土文献研究》（第七辑），上海：上海古籍出版社，2005 年。

马怡：《悬泉汉简"失亡传信册"补考》，载《出土文献研究》（第八辑），上海：上海古籍出版社，2007 年。

侯旭东：《传舍使用与汉帝国的日常统治》，《中国史研究》2008 年第 1 期。

李晓伟：《秦汉通行凭证研究》，河南大学硕士学位论文，2016 年。

孙富磊：《悬泉置出土〈失亡传信册〉再考》，《敦煌研究》2019 年第 6 期。

张鹏飞：《西北汉简所见"传"文书研究》，河南大学硕士学位论文，2019 年。

侯旭东：《汉家的日常》，北京：北京师范大学出版社，2022 年。

"简"读中国 敦煌汉简里的丝绸之路

传马驰行

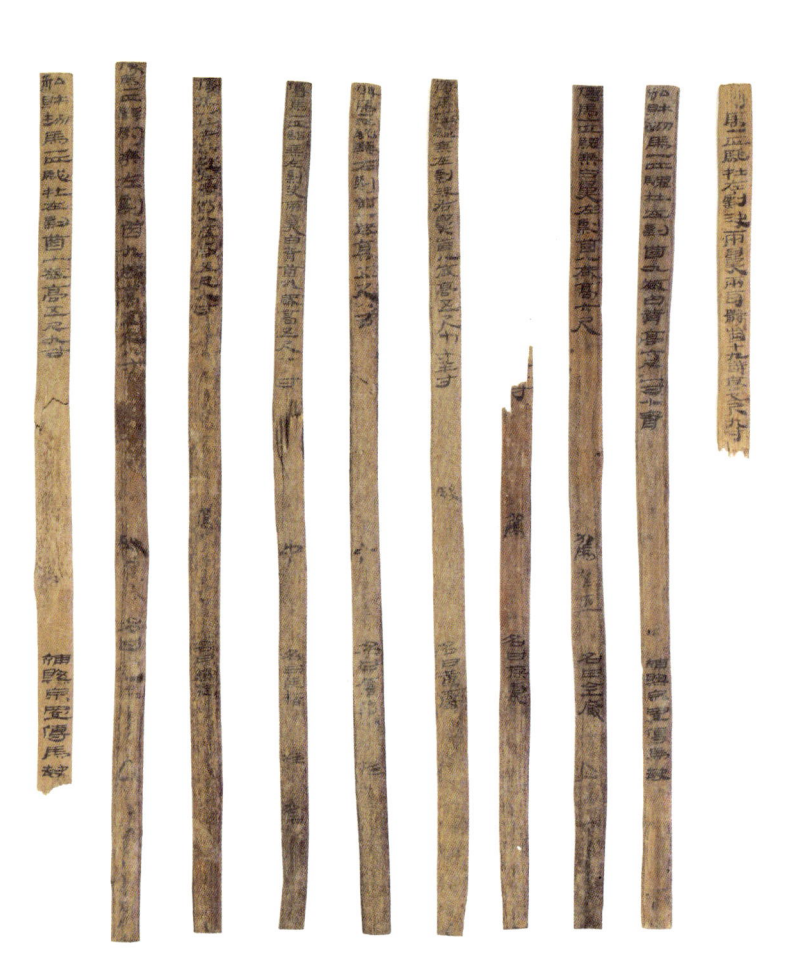

V92DXT1610 ②:10—19

文物简介

木简十枚

出土编号：V92DXT1610 ②：10—19

1992年出土于敦煌悬泉置遗址

长6.7—23.5厘米，宽0.8—1.5厘米，厚0.1—0.5厘米

原简册散失，尚存十简，简文完整，内容清楚

该简册为西汉成帝建始二年（公元前31年）三月，悬泉置厩啬夫上报的《传马名籍》。其中详细记录了悬泉置内传马的基本信息，包括毛色、年龄、性别、性质、饲养、管理者等相关情况。传马是驿使传递公文以及使者往来的重要交通工具，西汉政府对其有着严格的管理制度。

从出土文献来看，对传马的管理是官吏日常工作的重要事项之一。除了传马的毛色、标识、名字等基本信息需要登记以外，传马的调用、医治以及死亡也都要有明确的记录。然而，传世文献对传马的管理制度并未有详细的记载。该册书为研究西汉时期传马的管理制度，以及悬泉置的传舍制度、置啬夫的日常工作问题提供了重要的资料。现藏甘肃简牍博物馆。

简牍释文

传马一匹，騩，牡，左剽，决两鼻两耳数，齿十九岁，高五尺九寸……

私财物马一匹，騩，牡，左剽，齿九岁，白背，高六尺一寸，小鞍。补县（悬）泉置传马缺。

传马一匹，騩，乘，白鼻，左剽，齿八岁，高六尺，驾，翟圣，名曰全（？）厥。厶尸。

……尺六寸，驾，名曰葆橐。

传马一匹，骊，乘，左剽，决右鼻，齿八岁，高五尺九寸半，骖，名曰黄爵（雀）。

传马一匹，騩，乘，左剽，八岁，高五尺八寸，中，名曰仓（苍）波，柱。

传马一匹，駵，乘，左剽，决两鼻，白背，齿九岁，高五尺八寸，中，名曰佳□，柱，驾。

传马一匹，赤駵，牡，左剽，齿八岁，高五尺八寸，驾，名曰铁柱。

传马一匹，驿駒，乘，左剽，齿九岁，高五尺八寸，骖，吕戟，名曰完幸。厶尸。

私财物马一匹，騩，牡，左剽，齿七岁，高五尺九寸，补县（悬）泉置传马缺。

简文大意

该册书记载了西汉成帝建始二年三月初一悬泉置内九匹传马的基本情况。这九匹传马皆为在马身左侧有做标记的公马,其中有两匹为私人的马匹,七匹为悬泉置的传马。传马的年龄在七至十九岁之间,高五尺八寸到六尺一寸之间。四匹为驾辕的马,两匹为驾车时位于两边的马。

该册书中记载的"私财物马"即私人之马,其用途是"补悬泉置传马缺"。说明当悬泉置中传马数量不足时也会征用民间私马补充传马,这种现象多半与传马需求量较大有关。据传世文献记载,汉代马匹正常服役的年龄应在五至十二岁之间,虽然悬泉置的传马多为八九岁,但也有超出十二岁的年限的,表明因马匹缺乏也会出现传马超龄服役的情况。

阅牍延伸

西汉初期,面对匈奴的不断侵扰,为了加强西北边防,汉廷在河西设置郡县,移民实边,大力养殖马匹,积极发展骑兵以增强国力。《后汉书·马援列传》曰:"马者甲兵之本,国之大用。安宁则以别尊卑之序,有变则以济远近之难。"这充分说明了西汉朝廷对马政的重视。除了发现大量汉代以马为题材的木版画、木俑等图像资料外,在敦煌汉简、居延汉简、肩水金关汉简、地湾汉简等六万多枚河西汉简中,有大量涉及马匹传入、饲养、管理、登记、医治、马料配给,以及病马死后骨肉处理等诸

甘肃肩水金关遗址出土一吏一马木版画，甘肃省博物馆藏

多方面的记载。

一、传马的来源

传马是传递物品时所用的马匹，多与传车共同使用。简牍资料对传马来源有明确的记载，如悬泉汉简"入传马三匹，皆牡，受郡库"（Ⅱ90DXT0115④：13），可知当时传马的一个来源为郡库。根据学界研究，当时传马的另一个重要来源则是所在地自行购买。据张家山汉简《二年律令·津关令》，传置马可以由所在地依律请求自行购买，但购买手续严格。购买传置马时，由该县将所需购买的马名和数量告知给出卖地的内史、郡守等汉吏。出售地的汉吏再将所需马名印到相应的马匹身上，并以公文的形式通告相应的津关备案，等到马匹出关时再以此为据进行核查。

二、传马的饲养

张家山汉简《二年律令·金布律》中对传马饲养有严格规定，每匹传马每天的饲料为二斗粟、一斗菽。悬泉汉简中对此也有相应的规定，置马、传马每天的饲料为"粟斗一升、叔（菽）一升"（Ⅱ90DXT0214②：556）。相比汉初《金布律》的规定，饲料种类、数量均有所不同。在汉成帝建始元年（公元前32年），丞相匡衡与御史大夫张谭提出为特定地区的马增加饲料，其中包括长安东西邻近县的传马，每匹每天增加菜一升。这些县在都城附近，位于交通干线上，传马任务繁重，死亡率较高，因此增加饲料以保证其有足够体力完成任务。据学界研究，悬泉汉简中的这项规定应当颁于汉哀帝元寿二年（公元前1年）以后，当是马匹饲料增加地区的范围扩大到了敦煌。

传马饲料除了精饲料外，还有茭草。简牍资料中有大量出入茭、买茭、卖茭及贷茭的记录，这些反映的正是当时茭草征用的具体情况。各部门除了使用固定的"大司农茭"外，还需派卒外出伐割、加工茭草，甚至从他处购买、借支茭草。可见，当时茭草的需求量极大。从征集茭草的过程可知，传马所需茭草是由中央大司农和各地方政府共同承担的。总的来说，汉代的马食主要为草料和粮食类植物，草料包括未经收割的天然水草、刍、稿、茭、茎等，粮食包括粟、麦、糜、糈程、菽等。草料的供应量较为复杂，而粮食作物的供应标准则相对较为简单。

三、传马的管理

除对现有传马的情况要以书面形式进行详细登记并上报备查之外,汉代对于传马医治以及死亡情况也有十分严格的管理制度。

根据敦煌悬泉汉简的记载,敦煌郡厩置九所共有传马三百六十匹,若加上诸骑置驿马,敦煌郡的驿马和传马的数量较为庞大。敦煌郡还有大量驻军,军队所使用的骑马数量更为庞大。根据敦煌悬泉汉简Ⅱ90DXT0216③:123的记载,西汉仅一次就从天水、北地两郡向敦煌调配骑马六百一十四匹。这些材料都说明当时敦煌郡传马的拥有量非常大。同样,西汉敦煌郡厩置每年损耗的马匹数量也很大。根据敦煌悬泉汉简Ⅴ92DXT1511②:52、Ⅱ90DXT0214②:550AB的记载,仅遮要置十月至十二月

甘肃嘉峪关魏晋5号墓出土驿使画像砖,甘肃省博物馆藏

就病死了十七匹马。另外，悬泉汉简中有悬泉置大量出卖死马肉的记载。应当是当时驿站运输任务繁重，加上马的饮食达不到标准，马在患病后得不到医治等原因，导致厩置马匹的损耗非常大。

为了保障厩置的正常运转，首先就要保障驿站传马、驿马以及官橐驼、牛、驴在患病后能得到及时治疗，因此西汉时敦煌郡为每个厩置都配置了马医。马医的主要职责是为厩置诊断驿马、传马的疾病。敦煌厩置的传马、驿马在执行运送物资任务途中，一旦发生疾病，厩置就要立即派马医出诊。这样的诊断案例悬泉汉简中比比皆是。另外，悬泉汉简Ⅱ90DXT0314②：6记载："效谷长狐君为置马市药，提着遣佐广德从狐君取所市药。君□以□□□□□。"可见悬泉置医治马匹的药物都是购买来的。由此可以推测，西汉敦煌郡厩置传马、驿马等牲畜所用药物，都是由驿站出面向药市购买而来的。

驿站内不能继续从事工作要被淘汰的马匹，须经过马医的诊治才能上报主管机构予以淘汰。悬泉汉简Ⅱ90DXT0114③：472记载："病狂，马医诊治，不能愈，日益剧，终不可用。唯廷关书府。"反映的就是马匹能否留用要以马医的诊治结果作为主要依据。西汉敦煌郡诸厩置和驻军的驿马、传马、骑马及其他牲畜因病死亡或者被淘汰，都要在马医诊治后才能决定死亡牲畜如何处置，还要主管官员集体诊治勘验是否有兵刃木索伤，排除其他死因后才能处理。

传马死亡之后要及时上报县廷，由县廷检验后再上缴死亡马匹。若因未及时上报导致死亡马匹腐败，则按未腐败之时的价值予以赔偿。不仅如此，对于死亡传马各部分的处理都有十分具体的规定。其筋、革、角及肉都须按要求卖出，并将卖得的款项上缴。悬泉置所出传马若病死他处，卖得的款项仍应交回悬泉置。不仅如此，对传马死亡的责任追究也非常严格。悬泉置遗址曾发现一份汉宣帝甘露二年（公元前52年）敦煌太守的发文，记载如下："甘露二年七月戊子朔壬寅，敦煌大（太）守千秋、长史憙、丞破胡谓县：律曰：诸乘置，其传不为急及乘传者驿驾皆令葆马三日，三日中死，负之。郡当西域空道，案厩置九所，传马员三百六十匹。计以来死者三百六十八匹，过员八匹。令、长、丞不忧亲严教主者吏，马饮食不得度，病不以时医治，马死者以故众多，甚毋状，县泉置尤剧。已论丞、啬夫。书到，案赦以来当负马者，趣责马齿五岁以上至十二岁、高五尺八寸以上丰厚任用者。守丞行县见所偿马如律令。"（Ⅱ90DXT0115 ③：80—82）据该文书记载，敦煌郡配置马三百六十匹，而死亡马匹数量就达到了三百六十八匹，超过配置马八匹。这些传马都是由郡府调拨的，马死亡后，还需要补充新马，才能满足日常迎送的需求。敦煌太守针对郡内诸厩置饲养的传马死亡数量多于规定的情况予以批评，要求承担马匹死亡责任的官吏用马予以补偿，并提出了马具体的年龄、身高与体态上的要求，同时指示守与丞在巡视属县时查看补偿的马是否合乎要求。

两汉时期，随着中央政府各项政策的实施以及交通路网的构建，传马作为官方服务机构的主要畜力，有固定的来源，对于传马的饲养也有严格的规定。为了保障各驿站的正常运转，各厩置都要配置马医，以便于日常诊治患病的马匹、橐驼、牛等牲畜以及进贡的稀有物种。此外，对于被淘汰的或死亡马匹的处置，都要在马医诊断后决定。由此可见，两汉时期的传马制度已经相当完备，这也反映出传马在交通、军事及中西往来等方面发挥着重要的作用。

参考文献

司马迁：《史记》，北京：中华书局，1959年。

班固：《汉书》，北京：中华书局，1962年。

范晔：《后汉书》，北京：中华书局，1965年。

陈宁：《秦汉马政研究》，苏州大学硕士学位论文，2006年。

高荣：《汉代"传驿马名籍"简若干问题考述》，《鲁东大学学报》（哲学社会科学版）2008年第6期。

周峰：《西北汉简中的马》，西北师范大学硕士学位论文，2013年。

覃晓岚：《秦汉传车考略》，湖南大学硕士学位论文，2014年。

徐水兰：《汉代河西养马业研究》，兰州大学硕士学位论文，2016年。

赵倩男：《关于秦汉时期传马的几个问题》，云南大学硕士学位论文，2017年。

侯旭东：《汉家的日常》，北京：北京师范大学出版社，2022年。

"简"读中国 敦煌汉简里的丝绸之路

乘传奏事

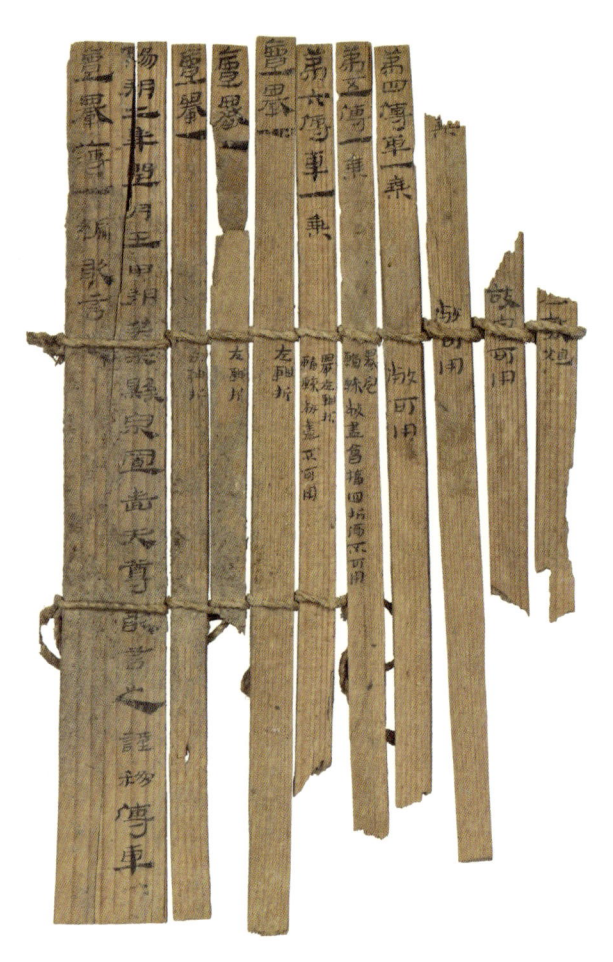

I 90DXT0208 ②:1—10

文物简介

木简十枚
出土编号：Ⅰ90DXT0208②：1—10
1990年出土于敦煌悬泉置遗址
长23厘米，九简宽1厘米，一牍宽2厘米
两道编绳尚完好

该简册记载了汉成帝阳朔二年（公元前23年）悬泉置传车和䡴輂的完好敝损情况，因此一般被称作《阳朔二年传车䡴輂簿》。传车是秦汉之际邮驿系统中传递消息、运送人员的专用交通工具。因服务官吏身份的不同，传车的使用类型也有所区别。驿站提供的传车不仅需要配备马匹，还要安排驾车的御者。从这份册书内容可知，传车作为当时主要的交通运输工具，其保管与维修是置啬夫日常重要工作之一。传车的葆缮情况需要向上级以书面形式做出详细汇报，上级管理机构再根据汇报材料对传车进行核查。传世文献中对官吏使用传车的等级有明确记载，但对于传车的运行、葆缮、管理制度等问题并未有过多的记录。该简文为研究汉代边郡邮驿系统传车的使用和管理情况，以及为分析册书的形制、书体演变提供了重要的资料。现藏甘肃简牍博物馆。

简牍释文

□敦煌故完可用乘，敝可用。第四传车一乘，敝可用。第五传车一乘，輂完，轮轑敝尽，会楅四折伤，不可用。第六传车一乘，輂左轴折，轮轑敝尽不可用。軎輂一，左轴折。軎輂一，左轴折。軎輂一，左轴折。阳朔二年闰月壬申朔癸未，县泉置啬夫尊敢言之，谨移传车车軎輂簿一编敢言之。

简文大意

该简册记载的内容是汉成帝阳朔二年闰三月初一，悬泉置啬夫尊汇报了悬泉置配备的九乘车辆的种类及损坏情况。其中传车六乘，軎輂三乘。可使用的车辆有三乘，其余六乘皆破损不可用。

除悬泉置出土的《阳朔二年传车軎輂簿》外，在睡虎地秦简《金布律》中也有关于"葆缮传车"的记载，即保养、修理邮传用车的法律条文。此外在居延汉简中也能见到车辆"折伤"的记录，还有修理车轴、车辐的简文。可见秦汉时期使用传车是非常普遍的，传车的保管与修缮也备受重视。

阅牍延伸

传车作为官方邮驿系统中的交通工具，早在先秦时便已出现，但真正被大量使用是在秦汉时期。此时传车的使用已形成了严格的制度，不仅有等级、用途的区分，管理制度也更加完善。传车的调用以传信为凭证，采用逐站换乘的方式，保证了邮驿系统的持续性和有序性。

传车得到如此重视的最大原因就在于其官用的特性。据学者对悬泉汉简相关材料的研究，当时传车的主要来源为郡库。汉代的驿站等接待机构不仅要为因公出行的官吏提供食宿，甚至还要提供传车等交通工具。官员调用传车必须持有传信，传信不仅规定了传车的类别、等级、运行方式，而且也是持有者在沿途各站获得食宿保障的依据。如有"诈乘"或"辄乘"，就要受到刑罚。传车作为一种交通工具，动力源自马匹，因此需要采用逐站换乘的方式运行。

传车作为官方邮驿系统中的出行工具，主要服务朝廷的官员。其使用情况具体可分为三种：第一种是供郡守与秩在二千石的官员使用；第二种是在特殊情况下，即有紧急情况要汇报时，县与道的长官也可以调用；第三种是官员因升迁或调任而使用。传车使用主体是具有一定身份、处于一定等级的国家官吏，用途有如新官上任、官吏巡行、迎送各国使客等。从传车的使用者来看，他们的身份与传车等级有一定的联系，但并不是绝对的。在某些特殊情况下，官吏可以逾越那些限制。传车的使用者虽然地位、身份各不相同，但都是官员，这也进一步证明了传车的官有性质。

根据侯旭东等学者的研究，沿途的厩置不但负责提供传车，也要提供驾车的御者。一般御史大夫下发的传信中仅注明随从人数、身份，如"载从者一人""载奴一人"，还有如"得别驾、载从者二人"，表示从者另乘一车。但出土简牍中均未见有官员自带驾车的"御"的记录。而悬泉置遗址所发现的传食文书也只注明使者及从者，未见御者，可知御者并不计入使者及随从之内。又据悬泉汉简记载，悬泉置内附设的厩有"御"，而且这些"御"中还有羌人，即"羌御"，据此可知，在悬泉置中确实有专门驾马的人员。由此或可推测，当时的悬泉置不仅提供传车换乘，还提供御者。而他们的口粮是计入另外的廪食账目中，不列入传食账目。

官府提供的传车究竟是哪种规格，传信中也会有相应的说明。据《汉书·高帝纪》记载，汉五年，刘邦招安亡命海上的齐国旧贵族田横，"（田）横惧，乘传诣洛阳"。如淳引汉律注云："四马高足为置传，四马中足为驰传，四马下足为乘传，一马二马为轺传。急者乘一乘传。"

汉代传信与传车规格表

传信"封"数量	用马情况	规格
一封	一马	一封轺传
二封	二马	二封轺传
三封/四封	四马下足	乘传
五封	四马中足	驰传
五封	四马高足	置传

[清]冯云鹏《金石索》摹刻山东孝堂山石祠汉代车马出行图

轺车是一种小巧的轻车，故以一马或二马驾车，当与征辟儒生的布衣身份相称。汉代官员公出时多驾乘传、驰传、置传。虽然三者都是由四匹马拉车，但有马力快慢的区分。乘传的四马为下足，传马的速度不快。驰传的四马为中足，为传马中的速度较快的。置传的马匹为高足，是传马中的骏马。另外还有特等传车（六乘传、七乘传），在一些关系到国家命脉的特殊状况下使用，比如改朝换代、平定诸侯国叛乱等。驰传的使用者基本上是二千石以上秩次的官员，而汉代的刺史在当时虽然秩次并不高，但实际权力大、地位较高，可与二千石的太守相提并论，因此也可以使用。乘传在悬泉汉简中的记录较多，这与悬泉置自身情况也有一定关系。从现在的记录来看，乘传在悬泉置中是等级最高的传车，它的使用者所涵盖的范围也较广，似乎在身份上没有明确的限制，更多考虑的可能是事由。有些时候秩次较低的官吏因为被派予了重要公务，也能拥有使用乘传的权力，而这些事由多半与西域各国的交往有关。除此之外，刺史行部奏事、官吏上计、官员赴任等也可使用乘传。轺传作为最低级别的传车，使用次数也最多。大多是在涉及地方例行公务时使用，常见的如军吏诣部或返回驻地等。轺传使用者主要是秩禄不满百石的地方小吏，这反过来也证实了轺传在传车中的级别。

　　传车作为官用马车，它的使用方式有明确的规定。如简牍中常见的"以次为驾"，即按照各传置的远近次序为持有传信的官员驾车。这其中隐含着传车在使用过程中，是以逐站换乘的接力方式为使用者提供出行的车马。传车的使用主要是"迎来送往",其中"送"主要体现在,前一个置或传舍的主管官员派遣官吏并提供马匹或传车,将使者送至下一个置或传舍,最终令使者到达目的地。"迎"则为主动至上一站迎接,即后一个置或传舍根据前期的通知,派官吏并调动传马及传车到前一个置去迎接使者。从敦煌悬泉汉简来看,"迎来"主要是悬泉置以外的县或置派遣官员持传车去悬泉置迎接过往的使客及官员。具体说来,主要是沿线多个县、置为迎接过往使客而给悬泉置发出移文,同时也相互告知官员及传马禀食等情况,并要求其将相应情况列入簿中上报。从移文来看,从悬泉置将使客迎走多半是发生在行程的最后一站。此外,悬泉汉简中也有关于悬泉置主动出迎的记录,但该简并非移文,而是悬泉啬夫就出迎过程中出现的禀食问题对上级及敦煌郡的一个说明,这样的过程实际上包含了"迎来""送往"两部分。

四川出土汉代车马临阙画像石拓片,引自高文《中国画像石全集·四川汉画像石》

与传车相关的机构应该是"传"或"置"。就悬泉置的情况来看，其下包含了驿、厩、厨、骑置和传舍等不同功能的机构。可见，当时的置是一个功能齐全的庞大站点，像是邮驿系统中的综合服务站。其主管官员为置啬夫，下属有协助其处理置务的置丞、置佐等。此外，各下设机构也有相应的管理官员。在居延汉简和悬泉汉简的记载中，置是级别最高的邮驿机构，配备也最齐全。而传车的管理机构更确切地说应该是换乘站点。这些站点不仅是传车的提供者，更直接担负着管理和葆缮传车的责任。

由于传车管理机构较为庞大，因此其耗费颇高，维系传车运行的经费自然也颇丰。在国力强盛时期，承担这些消耗尚有余力。而到了东汉时期，由于国力衰弱，邮驿系统相较西汉时期而言需求降低，传车也最终被驿马所替代。但传车作为秦汉邮驿系统中重要交通工具的地位和作用却是不容忽视的。

参考文献

司马迁：《史记》，北京：中华书局，1959年。

班固：《汉书》，北京：中华书局，1962年。

赵克尧：《汉代的"传"，乘传与传舍》，《江汉论坛》1984年第12期。

覃晓岚：《秦汉传车考略》，湖南大学硕士学位论文，2014年。

侯旭东：《汉家的日常》，北京：北京师范大学出版社，2022年。

译人传辞

文物简介

木简一枚
出土编号：V92DXT1511 ⑤:2AB
1992 年出土于敦煌悬泉置遗址
长 23.1 厘米，宽 2 厘米，厚 0.2 厘米
简牍完整，正反两面、上下栏书写，内容清楚

该简为汉昭帝元凤五年（公元前 76 年）朝廷为调拨到敦煌郡的羌译妾南下发的过所文书。据史料记载，早在商周时期，就有"寄、象、狄、译"四类译人共同服务国家的外交活动。汉武帝时期设立了"大鸿胪"，大鸿胪下设的属官中有"译官令"和"九译令"，负责诸侯、藩属的对外事务。对于译人具体的身份，配

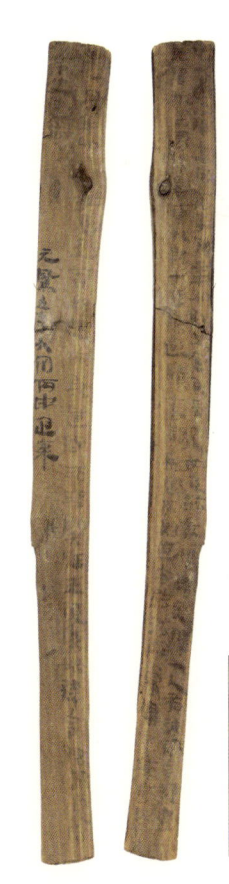

V92DXT1511 ⑤:2AB

备译人的机构级别,以及译人的管理制度等相关内容,传世文献并未有详细的记载。该简文为研究西汉时期的译官相关制度,以及汉代的文书传递、接待制度提供了重要的资料。现藏甘肃简牍博物馆。

简牍释文

元凤五年十一月丙子朔辛卯,尉史宣敢言之:戎邑给敦煌郡羌译一人,有请诏。今谨遣羌译板里男子妾南以县牛车传送续食谒,移过所县道官给法所当得舍传舍,敢言之。十一月辛卯,戎邑丞舍移过所县道官河津关往来复传,如律令。掾留见守令史建德□□。元凤五年九月丙申过,东。

简文大意

该简记载的内容是西汉朝廷要从天水郡戎邑道为敦煌郡调拨一名羌译,于是在汉昭帝元凤五年十一月初一,县尉史宣给板里妾南签发了一封通行文书,要求沿途的县道均要按律安排牛车护送其到达目的地。简文中的戎邑是人口达到一定规模的少数民族聚落。该简体现了一种特殊的人才输送模式。

随着丝路贸易的发展以及民族关系的变化,汉与胡、羌在河西地区的交往更加密切。因此,河西诸郡都需要配备能够胜任中原语言与西北民族语言对译的翻译来承担不同民族间的语言交流工作。相较于官员出行使用马车而言,该简文中羌译乘坐的牛车,反映出译官身份较低。这也是县级下发的传信中一般不提供传车的原因所在。

阅牍延伸

说起丝绸之路，世人脑海中首先浮现的历史名人肯定是张骞，皆称赞他凿通了中原与西域诸国的往来。但在这场"凿空"事业中还有一个人发挥了重要的作用。建元三年（公元前138年）张骞出使西域，汉武帝任命匈奴人堂邑父（甘夫）担任张骞出使大月氏国的向导兼翻译。自此，翻译便成为丝绸之路上不可或缺的一类职官。

起初，西汉朝廷主要是在访问西域诸国的使团中配备翻译，和亲公主的使团并未增派。比如元封六年（公元前105年），乌孙昆弥以千匹乌孙良马为聘求娶汉朝公主，汉武帝为实现"断匈奴右臂"的战略计划，将罪臣江都王刘建的女儿刘细君选为和亲公主远嫁乌孙昆弥。后因言语不通、习俗不惯，加之强烈的悲愁，细君公主郁郁而终。之后汉武帝派遣楚王刘戊的孙女刘解忧再次和亲乌孙，此时的和亲使团中有一位名为冯嫽的女性侍者。据《汉书》记载，冯嫽不仅精通史书，而且有政治头脑和很强的语言学习能力。冯嫽作为解忧公主在乌孙国的重要助手，又作为乌孙右大将的妻子，在处理西域各国的事务中发挥了重要的作用。

神爵二年（公元前60年），乌孙国昆弥翁归靡在与汉朝共抗匈奴的战争中取得胜利后，通过常惠向汉朝请求为其子元贵靡婚配汉家公主，汉宣帝亦欣然应允。《汉书》记载："上乃以乌孙主解忧弟子相夫为公主，置官属侍御百余人，舍上林中，学乌孙言。"此时西汉朝廷已经意识到了出使人员语言学习的重要性,对此次随相夫公主和亲使团中的百余人开展了大规模的乌孙语培训。虽然这次和亲中途终止,但此前的语言培训活动大大提高了和亲使团的翻译能力,也为之后公主和亲的事前准备工作提供了借鉴。

其实西汉之初就已经设有翻译官。据《汉书·百官公卿表》记载,典客"掌诸归义蛮夷……武帝太初元年更名大鸿胪。属官有行人、译官、别火"。又有典属国"掌蛮夷降者……属官,九译令。成帝河平元年省并大鸿胪"。九译令和译官都是西汉中央层面的翻译官。而据《汉书·司马相如传》记载:"康居西域,重译纳贡,稽首来享。"在《汉书·西域传》的记载中,西域诸国也基本上都设有"译长"这一官职,他们一般负责翻译公文。从新疆民丰尼雅遗址发现的汉文木简也可以看出,译人在西汉与西域交往中发挥着不可或缺的作用。

随着丝绸之路的开通,经由河西走廊到长安的西域行人也越来越多。这些行人据其来源地可大致分为西域诸国、诸羌以及匈

[唐]阎立本《职贡图》,台北故宫博物院藏

奴人，依其身份又可分为王公、使者、质子、贵人、商贾等，可见这些外来的客使成分十分复杂。对此，西汉朝廷除了有专门负责处理外事的中央机构，也在河西各郡县都配置了专门负责语言翻译的人员，即出土简牍中的"译"。

敦煌郡作为西汉交往西域诸国的要地，当然也配有译人。悬泉汉简中有许多关于译人的记载，如："甘露四年十一月庚申夜人定时译王贤"（Ⅱ90DXT0215③：28），"王侯都尉诏译者毋令不办具敢言之"（Ⅰ90DXT0305②：8），"出糜三石八斗四升。己未以食从吏小史及匈奴译所乘马卅□"（Ⅰ90DXT0209⑤：16），"入粟八斗。阳朔二年闰月甲辰，县泉吾子文受遮要啬夫博，以食羌胡译行书马幸瓜赐之等传马"（Ⅱ90DXT0215②：16），等等。根据郑炳林、王子今等学者的研究，敦煌郡所配备的译人可分为羌译、匈奴译、羌胡译等。羌译是指负责翻译诸羌部落语言的译人，匈奴译为负责翻译匈奴语言的译人，羌胡译应当是对敦煌译人群体的统称，其中包括担任西域外客翻译的译人。敦煌地处西汉与匈奴、羌与西域的交会之地，因其地理结构的复杂性，无论是送往迎来，还是商品贸易，都需要很多从事语言翻译的人，这些译人架起了中外文化交流沟通的重要桥梁。

虽然这些译人的地位不高，名声不显，但却在中原对外交流的过程中发挥了重要的作用。历史上著名的翻译官，比如汉代的堂邑父，明代的费信、马欢，他们都是推动中华文化发展、促进世界文明交流不可或缺的重要角色。

参考文献

司马迁：《史记》，北京：中华书局，1959年。

班固：《汉书》，北京：中华书局，1962年。

郑炳林、司豪强：《西汉敦煌郡迎送接待外客研究》，《西北民族研究》2022年第5期。

王子今：《论河西简文"胡驿（胡译）""羌译""羌胡译""匈奴译"》，《出土文献》2024年第2期。

医学药方

文物简介

木简一枚
出土编号：Ⅱ90DXT0216②:767
1990年出土于敦煌悬泉置遗址
长22.8厘米，宽1.2厘米，厚0.6厘米
简牍完整，上下栏书写，内容清楚

该简文是汉元帝建昭元年（公元前38年）朝廷给为龟兹王治病的医者偃、博二人签发的传信。该简文说明龟兹王绛宾在暮年时体弱多病，在朝廷派专门的医治人员为他调治多年后，绛宾于汉元帝末年去世。传世文献记载了龟兹王及弟史公主二人前往长安省亲，以及其子丞德在成、哀帝时多次来汉的事迹，这些事迹是龟兹国

与西汉友好关系的见证。该简文为研究西汉与龟兹国之间的关系、汉代的医学发展情况,以及悬泉置的传舍制度提供了重要的资料。现藏甘肃简牍博物馆。

简牍释文

诏医偃□博皆以请诏治龟兹王绛宾病满五岁,咸以诏书为驾□封,轺传共载。建昭元年十二月乙未朔甲戌,敦煌……□敦煌,以次为驾,当舍传舍,从……

简文大意

该简文记载的内容是永光元年(公元前43年),汉元帝派遣医者偃、博二人为龟兹王绛宾治病,二人在龟兹国为国王医治五年后,准备于建昭元年返回长安,于是朝廷发文要求自敦煌郡以东的沿途驿站为两位医者提供轺传以及食宿接待。

龟兹王绛宾的王后为解忧公主的女儿弟史,汉宣帝时封弟史为汉家公主,夫妇二人也曾前往长安省亲。由此说来,西汉的太医在龟兹国为龟兹王绛宾治病长达五年也是有据可循的。这也表明西汉与西域诸国的交往,不仅体现在互派使者与贡贸,还有医学等更为广泛的方面。

阅牍延伸

自汉武帝派张骞出使西域后,西汉与西域诸国友好往来的序幕也就此拉开。通过丝绸之路开展的中西文化交流活动中,医学交流是其中一个方面。

据史料记载，西汉朝廷曾多次向西域派遣太医。在《汉书·西域传》的记载中，解忧公主为防止西汉在乌孙多年的苦心经营被狂王毁于一旦，在宴会上刺伤狂王，后汉宣帝遣中郎将张遵持医药治狂王，并赐金二十斤。敦煌汉简中也有许多关于中央政府向西域派遣医者的记载，除了汉元帝派遣医者偃为龟兹王绛宾治疗外，还有如悬泉汉简Ⅰ90DXT0112③：118，记载了一位太医在悬泉置受到接待的情况："出鸡一枚。以食大医万秋一食，东。"这位由中央政府派遣的太医名叫万秋，经过敦煌悬泉置东返，从所得食物来看，其受到招待的规格是很高的。《汉书·百官公卿表》记载："奉常属官有太乐、太祝、太宰、太史、太卜、太医六令丞。"《后汉书·百官》也记载："少府……太医令一人，六百石。"作为中央官员，太医的地位较高，而太医万秋出现在敦煌郡效谷县的悬泉置很可能是奉诏肩负专项特殊使命。又据悬泉汉简Ⅱ90DXT0111①：51记载，在汉成帝永始四年（公元前13年），西汉仍有派遣太医前往西域地区行医治病。说明中央政府向西域派遣太医的情况至少持续到了西汉末年。另外，西汉敦煌郡是西域商客进入汉地的第一站，因此在敦煌有很多西域移民。悬泉置为了接待西域客使的方便，雇用了部分胡人到驿站内参与接待工作。据敦煌悬泉汉简Ⅰ90DXT0210①：19记载："音白：啬夫坐前自者张威卿病剧欧不止饮药，又莓愿请一胡婢使治米汁。"简文中的张威卿因病重呕吐不止，饮药无效，便请胡婢使用米汁治疗。这应当是使用西域偏方治疗疾病的案例。以上这些都是中西医交流的例证。

汉代西北边塞地区常年戍守征战，戍边的将士很容易因作战等原因负伤，因此为他们医治疾病是郡县官吏的重要工作任务之一。据学界研究，在西北边塞屯戍队伍中，玉门候官有"医药所"，居延边塞有"医吏"。"燧"一级的单位不设医生，医疗机构设置在候官以及都尉府，可供边塞吏卒治疗疾病。边关常见的疾病是腹胀和寒热，这在当时很容易导致死亡，悬泉汉简中常记载的药品就有医治腹胀的药丸。悬泉汉简Ⅱ90DXT0216②：443记载："甘草七分，弓穷七分，欲断七分。"这种药方大抵也是用于治疗伤寒引发的烦懑头痛之症。

吏卒如果患病必须及时上报候官，候长以"病书"的形式详细记录病卒的单位、姓名、患病时间、病名等相关情况。如果有

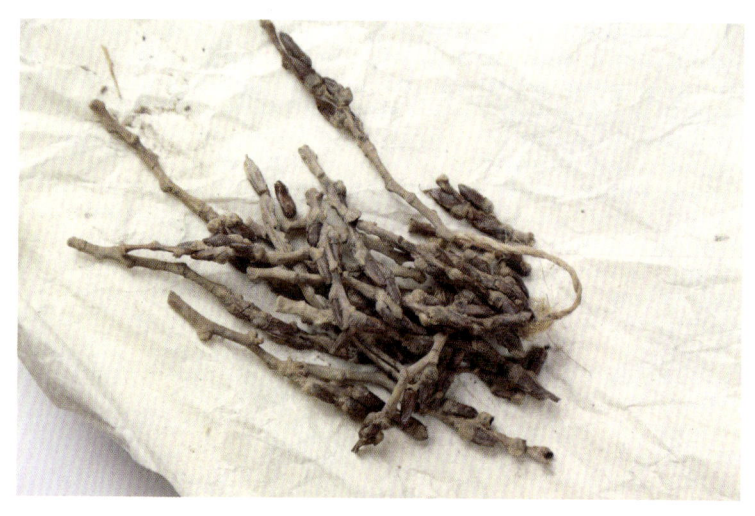

甘肃居延遗址出土汉代中草药，甘肃简牍博物馆供图

突发重病的情况可越过候长，直接向候官呈递病书，同时也应向候长进行汇报，治愈之后还要上报治疗情况。边塞所呈报的医疗名籍中要写明单位、姓名、病因、时间、是否治愈等内容。对于久治未愈的吏卒，要上报爰书以及医疗档案，以供都尉府、候官了解患病人数、所患疾病以及病情等情况。如果在治疗过程中病情恶化，也同样要上报，并请求到高级官署就医。由于基层部、燧不设医生，就需要巡行基层了解吏卒患病情况并作相应处理。上级单位将药物送到屯戍队伍最基层的燧中，亭燧长也必须常备药物以便上级定期检查。汉律有严格的"病满三月当免"制度，即因重病长期不能从事劳役就会被免职，屯戍士卒身体健壮是升迁的重要条件。因此各级屯戍组织要求必须逐月填写官吏的病书

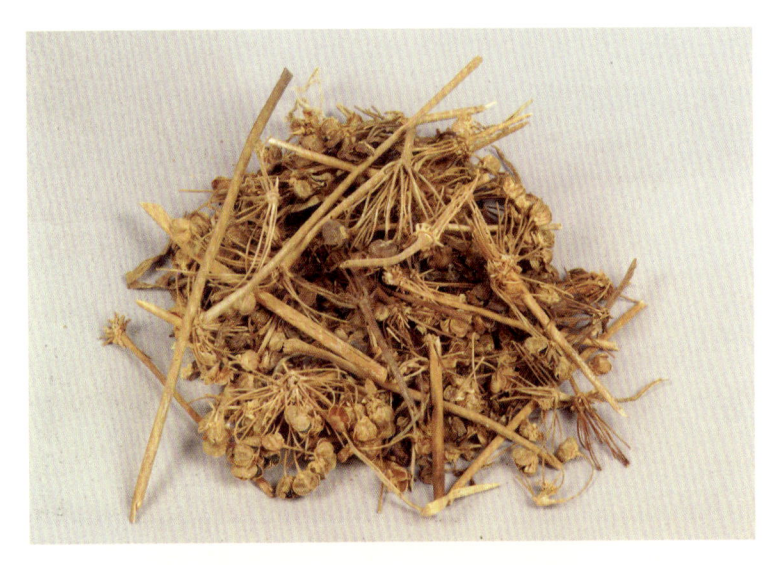

敦煌悬泉置遗址出土的中草药，甘肃简牍博物馆供图

情况，并按月及时向上级呈报本单位的病卒名单，年终汇总由候官存档以备上级查阅。此外病书还要上报至都尉府，每年三月将编写的"疾卒爰书""病卒名籍"上报候官存档。士卒的"病死爰书"可作为死亡证明，成为处理其后事的法律凭证。

　　据学界研究，一些出现在汉简中不产于西北边地的药材，如动物药龟甲、桑螵蛸、土鳖虫，矿物金属药理石、矾石、水银，名贵药材人参，炮制药熟地等，很有可能是由朝廷供给。悬泉汉简中记载的敦煌郡药材贸易基本上都是由朝廷出面派员前往各郡采购，然后运送回市场出售，或者调配到郡所属的各个行政军事单位保存，又或者出售给各个机构销售。从敦煌悬泉置以及烽燧出土的簿籍记录、实物来看，大多有医药储备。另外，敦煌悬泉置遗址不仅出土了中草药，还出土了记载有"付（附）子"字样的药方纸。而在悬泉置的墙壁上更有诏书医药方，可能是西汉时期朝廷以诏书的形式将药方下发到各个郡置便于当地吏卒日常学习医治。目前未见到简文中有戍卒诊病服药交费的记载，但是从

敦煌悬泉置遗址出土写有"付子"字样的药方纸，甘肃简牍博物馆藏　　敦煌悬泉置遗址墙壁上的诏书医药方，甘肃简牍博物馆藏

西汉派遣太医、颁布诏书医药方的情况来看，朝廷对西北边塞屯戍军十分重视。那么，汉代对于边塞屯戍的吏卒给予免费医疗的优待也是可以理解的。

西汉时期，敦煌郡是西汉与西域诸国畜牧物种交流的必经之地。敦煌郡诸厩置的配置中有马医，这不仅仅为了保障驿站传马、驿马的健康，也是为了保障西域进贡的珍禽异兽能够安全到达长安。如果诸国进贡牲畜在驿站内患病死亡，驿站需要承担相应的责任。

西北地区出土的汉简中还有数量众多的药方简，其中武威医简中保存较完整的医方有三十多个，内容涉及针灸科、内科、外科、五官科和妇科等，从中还可以看出汉代制药已有膏、汤、丸、散诸剂型。此外，在湖南、河南、河北等地也发现了大量的古医书以及医疗专用器械。这些都表明汉代是我国医学发展的重要时期。

"简"读中国 敦煌汉简里的丝绸之路

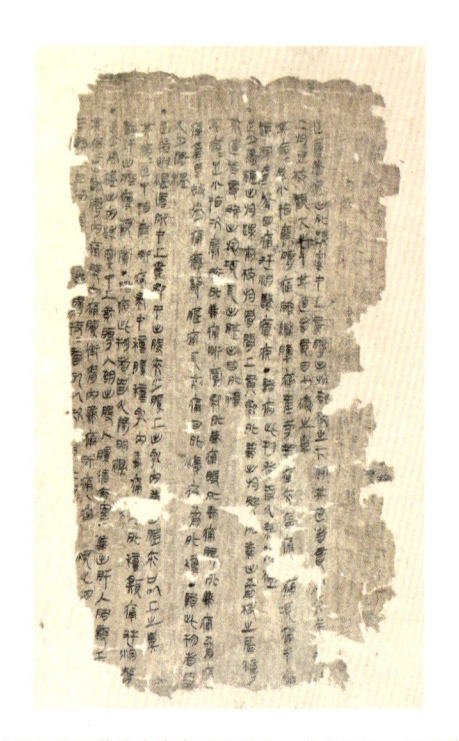

湖南长沙马王堆汉墓出土帛书《足臂十一脉灸经》，湖南博物院藏

参考文献

司马迁：《史记》，北京：中华书局，1959年。

班固：《汉书》，北京：中华书局，1962年。

孙其斌：《〈敦煌汉简〉与〈居延汉简〉医药简中的医务制度》，《中医文献杂志》2017年第2期。

郑炳林、张静怡：《西汉敦煌郡医事研究——兼论西汉敦煌市场药材来源与销售》，《敦煌学辑刊》2022年第3期。

第五单元 东来西往

「简」读中国敦煌汉简里的丝绸之路

"简"读中国 敦煌汉简里的丝绸之路

使者访于阗

文物简介

木简一枚
出土编号：Ⅱ90DXT0216②:54
1990年出土于敦煌悬泉置遗址
长23.4厘米，宽1.4厘米，厚0.4厘米
木简完整，字迹清晰

　　该简是汉元帝永光五年（公元前39年）于阗王派使者来汉时，因敦煌太守接待不周，朝廷派官员问责的记录。简文中的"涉头""渊泉"等地是敦煌太守管辖的治所，也是接待西域使者的前站。永光五年于阗王诸国派遣使者来汉的事，在传世典籍中并没有记载。当时的西汉正处在内忧外患之际，根本无暇顾及西域诸国，

直到汉元帝建昭三年（公元前36年）才有甘延寿、陈汤讨伐郅支单于一事。而这枚简表明，即便是在西汉困难重重之时，于阗国仍旧派遣使臣来朝，可见当时两国交往甚密，彼此之间的联系并未受到羌乱的影响而中断。该简文为汉与于阗国的往来关系史填补了空白，为研究悬泉置的传舍制度，以及古丝路沿线的诸国往来提供了重要的资料。现藏甘肃简牍博物馆。

简牍释文

永光五年七月癸卯朔丁巳，使送于阗王诸国客，卫司马参副卫侯临，移敦煌太守，一过不足以考功，致县略察长吏居官治状，侍客尤辨者。涉头、渊泉尽治所。

简文大意

该简记载了汉元帝永光五年七月初一，于阗国派使者来汉时，由于敦煌太守、长吏、使客接待于阗等诸国贵客不周，于是朝廷派遣卫司马参和副卫侯临到敦煌彻查此事。

从该简内容来看，敦煌太守因招待西域诸国来客不周而被问责，说明西域来使的迎送与接待是由敦煌太守负责的。此外，据悬泉汉简资料记载，敦煌太守还要对接待西域使者的使客及其他接待人员进行严格考察。

阅牍延伸

于阗国兴于西汉建国初期，衰败于唐朝末年。有学者认为，买力克阿瓦提古城遗址就是汉代于阗国都城。该遗址位于今新疆和田县东南二十多公里的玉龙喀什河西岸。

于阗国于公元前2世纪由尉迟氏在塔里木盆地南缘建立，属于汉代西域三十六国之一。张骞第一次出使西域时，在到达大月氏后，改为沿南山山脉而行，在途经于阗地区时，张骞并未曾正式访问于阗国。但后来在张骞向汉武帝汇报时却提到了于阗国的情况。《史记》记载："大宛在匈奴西南……其北则康居，西则大月氏，西南则大夏，东北则乌孙，东则扜罙、于窴（即于阗）。于窴之西，则水皆西流，注西海；其东水东流，注盐泽。盐泽潜行地下，其南则河源出焉。多玉石，河注中国。"

自汉武帝刘彻派遣张骞联络大月氏共同抗击匈奴的计划失败后，出于结交西域诸国之中实力强盛的乌孙国的需要，元狩四年（公元前119年），汉武帝再次派遣张骞出使西域，以联结乌孙，共同抗击匈奴。张骞到达乌孙赤谷城后，在游说乌孙昆弥共同抗击匈奴的同时，派遣副使分别前往大宛、康居、大月氏、大夏、安息、身毒、于阗等西域诸国。后虽未与乌孙国直接达成协议，但许多西域国家派遣使者与汉使一同前往长安。也正是在此之后，于阗国开始与西汉建立了正式的外交关系。

汉武帝时，匈奴狐鹿姑单于将其弟左大将之子先贤掸封为日逐王，并派其驻守河西。日逐王先贤掸设置僮仆都尉，治所在北道焉耆、危须、尉犁之间，征收赋税，统治西域。西汉朝廷在河西走廊置四郡、设立两关后，开始和匈奴争夺进出西域的通道和粮食供给地——车师。汉、匈双方对车师的反复争夺长达近四十年。汉宣帝神爵二年（公元前60年）匈奴发生内乱，权衡利弊后，日逐王先贤掸归顺汉朝，之后西汉朝廷在乌垒城设西域都护府，任命安远侯郑吉为西域都护，管理西域诸国。自此丝路南道上的于阗国正式成为西汉的属国。

据《汉书·西域传》记载，于阗的疆域包括今和田、洛浦、墨玉三县。其国东临扜弥国、精绝国，东南边邻近戎卢国、渠勒国，西边连接皮山国、莎车国，北与姑墨国隔沙漠相望。又其"王治西城……户三千三百，口万九千三百，胜兵二千四百人。辅国侯、左右将、左右骑君、东西城长、译长各一人"。于阗国内建有都城、设有国王，此外还设有侯、将、骑君等军事将领，以及城长、译长等文职官员。国内建置结构与汉朝的制度较为相似，说明与汉朝往来密切。悬泉汉简中有汉元帝永光五年（公元前39年），在西汉朝廷面临内忧外患的情况下，于阗国依旧派使者到汉廷的记载，即这一时期汉朝与于阗交往密切的佐证。

初始元年（公元8年），王莽自立为皇帝。为加强对西域诸国的掌控，王莽派广新公甄丰出使西域。此事引起了车师后国王须置离的恐慌。因为汉朝派遣的戊己校尉就在该国附近屯田，而戊己校尉是仅次于西域都护的职官。如若汉使甄丰到此，则必会到访车师后国。按照惯例，要提供牛羊粮食，还要担当向导、翻译。于是车师后王和大臣商议后决定投奔匈奴。结果车师后王被闻讯赶来的西域都护但钦斩杀。慌乱中车师后王须置离的兄长狐兰支率领大批国人投奔匈奴，匈奴趁机进攻车师国，并鼓动车师国西边的焉耆国谋反。在匈奴的挑唆下，始建国五年（公元13年），焉耆国派兵杀死了西域都护但钦。天凤三年（公元16年），王莽派五威将军王骏、西域都护李崇、戊己校尉郭钦率军征伐西域。焉耆国表面投降，暗地里依靠匈奴势力筹备兵力。之后姑墨、尉犁、危须国反叛，在几方势力的共同反击下，最终五威将军王骏被杀，戊己校尉郭钦逃回，西域都护李崇退保龟兹城。更始元年（公元23年），绿林军攻进长安，王莽被杀，西汉最后一任西域都护李崇也死在了西域。从此，中原失去了对西域的有效管理，匈奴的势力趁机再次进入了天山以南的地区。

因莎车王康曾经为保护西域的汉使，率领西域诸国共同抗击匈奴有功，东汉建武五年（公元29年），光武帝刘秀封其为汉莎车建功怀德王、西域大都尉，于阗等西域诸国因此大多依附于莎车。建武九年（公元33年）莎车王康逝世，其弟贤即位。建武十七年（公元41年），莎车王贤派遣使者到汉朝，请求恢复西域都护。于是汉光武帝任命莎车王贤为西域都护，赐予印信及车旗等物。敦煌太守裴遵上书认为此事不妥，汉光武帝又下诏追夺印绶。贤由此怨恨在心，但仍冒称大都护号令赋敛西域诸国。建武末年，莎车王贤攻陷于阗国之后，将于阗国王俞林废为骊归王，立其弟位侍为新王。不久之后又杀害位侍及扜弥、姑墨、子合等西域国家的国王，并派莎车的大将君得在于阗国镇守。

镇守在于阗的莎车国大将君得十分残暴，于阗国内积怨已久。汉明帝永平三年（公元60年），于阗贵族都末兄弟铲除了莎车国大将君得。于阗国贵族休莫霸和停留在于阗的汉人韩融联手杀死都末兄弟，休莫霸自立为于阗国国王。随后他联合扜弥国人,攻杀了驻守在皮山的莎车国大将后凯旋。莎车王贤派遣太子、国相率领西域多国兵力二万人攻击休莫霸,兵败后,贤亲率兵数万人进攻于阗,又再次被休莫霸击败。休莫霸乘势追击围困莎车国,但被流矢击中身亡,于阗国因此退兵。

于阗国国相苏榆勒等贵族共同举荐立休莫霸哥哥的儿子广德为新国王。广德趁机派遣弟弟辅国侯仁率兵攻击莎车国。莎车王贤不能敌,于是派遣使者与于阗王广德议和,不仅放回了被莎车拘禁数年的广德的父亲,还将自己的女儿嫁给了广德,两人约为兄弟,于阗王广德于是同意撤兵。第二年,莎车国人不堪忍受国王贤的暴政,密谋反叛,归降于阗国。于是,于阗王广德率西域诸国兵力共达三万人,与莎车国国相里应外合攻陷了莎车国。

当匈奴听说于阗王广德灭了莎车国后,调集了焉耆、尉犁、龟兹等西域十五国三万余人兵力,组成联军,进攻于阗国。面对大军压境,于阗王广德乞求归降,于是将太子作为人质送入匈奴,并立约每年上贡齵絮(一种丝绵)。匈奴便派兵护送莎车国质子不居徵回莎车并将他立为新王。待匈奴大军撤离之后,于阗王广德立即发兵杀死了不居徵,立其弟齐黎为新任莎车王。经过两代人的不懈努力,于阗国终于攻灭了西域的强国莎车。据《后汉书·西域传》记载,于阗王广德之后又乘势向外扩张,吞并了渠勒、皮山二国。从此,自精绝国西北至疏勒国在内的西域十三国均从属于阗,于阗成为西域南道上与鄯善并立的大国。

当于阗王广德在西域南道向外扩张之际,占据在天山北道的北匈奴也将势力伸向南道。此时的东汉政权内部也逐步稳定,

汉代于阗国铜币汉佉二体钱，和田博物馆藏

积极准备着向西进军重新夺回西域的管理权。汉明帝永平十六年（公元 73 年），窦固与耿秉等分四路率军击破北匈奴，在天山大败匈奴呼衍单于，夺取了伊吾卢并在其地设屯田官，置"宜禾都尉"。为了联络西域诸国势力共同反击匈奴，窦固派遣随军的假司马班超与从事郭恂出使西域。班超先到鄯善诛杀了匈奴使者，并劝降了鄯善王归顺汉朝。之后汉明帝将班超提拔为军司马，派他出使西域。班超率领使团至于阗时，此时的于阗王广德对班超等汉使十分怠慢，甚至还派遣使者向班超求马用以祠巫。班超假装答应，并让于阗巫师亲自来牵马。待巫师到来之后，班超命部下将其斩杀。于阗王广德早就听过班超在鄯善国诛杀匈奴使者的行为，于是立马杀死了北匈奴派到于阗的使者，重新归顺汉朝，并派遣其子作为质子入侍汉帝。随后班超在于阗王广德的支持下，招降了疏勒王兜题。同时，窦固等人又率军从敦煌出发，在蒲类海（今新疆巴里坤湖）地区击败匈奴，车师前、后王见此情形也投降了汉朝。自此匈奴势力退出了天山东麓，东汉政府重设了西域都护及戊己校尉，任命陈睦为西域都护，司马耿恭为戊己校尉，屯驻后车师金蒲城。至此，西域诸国开始重新归附于汉。

永平十八年（公元75年），北匈奴单于派左鹿蠡王带领两万兵力攻打车师，汉朝戊己校尉耿恭派司马领兵三百前去救援，虽然汉军奋勇抗击，但是最终车师后王还是被匈奴人杀害。随后，匈奴攻打汉朝屯驻的金蒲城，耿恭等人因弹尽粮绝被困车师国内。建初元年（公元76年），汉章帝刘炟即位后，派兵七千人救援去救援耿恭等人，结果汉军损失惨重。随后朝廷罢弃了西域都护和戊己校尉，并下诏征班超回京。班超启程行至于阗时，于阗王及将相、民众皆请求班超助其平定叛乱，之后班超驻守在于阗、疏勒一带。建初三年（公元78年），班超率领疏勒、康居、于阗、扜弥等西域国兵一万人攻破了姑墨石城。建初五年（公元80年），汉章帝派徐幹率千余人援助班超。建初九年（公元84年），又派遣假司马和恭等人率兵八百援助班超。于是，班超征发疏勒、于阗国兵出击莎车，但因莎车得到了康居的援助而未能获胜。汉章帝章和元年（公元87年），班超与于阗王率领诸国兵二万五千余人再次攻打莎车，龟兹王则派左将军率温宿、姑墨、尉头等国兵力共计五万人救援莎车。最终莎车投降，班超威震西域。

至汉安帝时期，班超之子班勇率军破车师后王国。汉顺帝永建二年（公元127年），班勇又率军击降焉耆，"于是，龟兹、疏勒、于阗、莎车等十七国皆来服从，而乌孙、葱岭已西遂绝"。同年，贵霜扶植的疏勒王臣磐遣使向汉奉献，汉顺帝任命他为"汉大都尉"。永建四年（公元129年），于阗王放前杀掉了扜弥国王兴，立其子为扜弥王。敦煌太守徐由上书汉顺帝请求讨伐，朝廷未能同意。两年之后，于阗王放前派遣侍子入汉廷贡献，汉顺帝令其归复扜弥国，于阗王不肯。次年，徐由派疏勒王臣磐率兵二万击破于阗国，立前扜弥国王兴的同族人成国为新任扜弥王。不久之后，汉西域长史便改驻于阗国。

汉桓帝元嘉元年（公元151年），西域长史赵评病死在于阗。在赵评的儿子路过扜弥国时，扜弥王成国因与于阗王建有仇，于是谎告赵评之子其父是被于阗王命胡医持毒药毒死的。赵评之子信以为真，还将此事上告了敦煌太守马达。次年，朝廷以王敬代为长史，在他赴任途经扜弥国时，扜弥国王又唆使王敬去杀于阗王建。王敬到于阗国后设宴邀请于阗国王建，建应邀前往，结果被扜弥国的主簿秦牧斩杀。于阗国侯将输棘因此叛变，率兵杀死了王敬想自立为王，结果于阗国人不服，杀死了输棘而立建的儿子安国为新王。敦煌太守马达听闻输棘杀王敬而自立为王一事后欲出兵征讨于阗，汉桓帝没有同意，反而以宋亮代马达职成为敦煌太守。宋亮到任后命于阗王斩杀输棘。此时输棘已经死了，于阗王将输棘的人头送到敦煌而不说明实情，宋亮才知道有诈，但无力出兵。从此，汉朝在西域的统治逐渐衰落，于阗国趁机发展壮大。汉灵帝建宁元年（公元168年），疏勒王、汉大都尉臣磐被杀，汉朝对西域的统治势力进一步减弱。汉灵帝熹平四年（公元175年）于阗王安国攻破扜弥国。汉戊己校尉和西域长史出兵辅立扜弥国王在汉的侍子定兴为新王，但扜弥国民众只余千人。此时月氏南下，匈奴西迁，东汉朝廷内乱为西域诸国的兼并创造了条件。

汉代于阗国王简表

序号	姓名	年代	身份	备注
1	俞林	？—公元 56 年		被莎车王贤废为骊归王
2	位侍	公元 56 年	俞林之弟	未久为莎车王贤所杀
3	休莫霸	公元 60 年	于阗贵族	自立为于阗王
4	广德	公元 73 年—86 年	休莫霸兄子	
5	放前	公元 129 年—131 年		公元 132 年疏勒王臣磐攻破于阗
6	建	公元 151 年—152 年		为西域长史王敬及扜弥主簿秦牧所杀
7	安国	公元 153 年—175 年	建之子	公元 152 年于阗国侯将输僰杀东汉西域长史王敬，欲自立为王，为国人所杀，后安国被立为新王。公元 175 年安国攻破扜弥

至三国初年，据《三国志·魏书》注引《魏略·西戎传》记载，"南道西行，且志（末）国、小宛国、精绝、楼兰国皆并属鄯善也。戎卢国、扜罙国、渠勒国、穴（皮）山国皆并属于

敦煌莫高窟第98窟《于阗国王供养像》

阗"。又据《后汉书·西域记》记载，当时于阗已有"户三万二千，口八万三千，胜兵三万余人"，相较西汉时期人口已大大增加。

唐朝设安西都护府后，在于阗置镇，为安西四镇之一。天宝年间，于阗国主尉迟胜入朝，唐玄宗嫁以宗室之女。及至吐蕃内乱，张义潮复兴归义军，之后于阗国主尉迟婆跋娶了归义军节度使曹义金次女。尉迟婆跋自称"唐之宗属"，以"李"为姓，名为李圣天。在敦煌莫高窟第98窟中有一幅高2.82米的供养人画像，画像旁边的榜题为"大朝大宝于阗国王大圣大明天子"，也就是于阗国王李圣天。这也是在莫高窟发现的最大的君王肖像画。宋真宗景德三年（公元1006年），信奉佛教的于阗政权被喀喇汗王朝所吞灭。这个存在了一千多年的西域古国至此彻底退出历史舞台。

参考文献

司马迁：《史记》，北京：中华书局，1959 年。

班固：《汉书》，北京：中华书局，1962 年。

范晔：《后汉书》，北京：中华书局，1965 年。

王旺祥：《敦煌悬泉置汉简所记永光五年西域史事考论》，《西北师大学报》（社会科学版）2009 年第 1 期。

朱丽双、荣新江：《两汉时期于阗的发展及其与中原的关系》，《中国边疆史地研究》2021 年第 4 期。

"简"读中国 敦煌汉简里的丝绸之路

龟兹王夫妇留宿悬泉置

文物简介

木简一枚

出土编号：Ⅰ90DXT0114①:112

1990年出土于敦煌悬泉置遗址

长22.1厘米，宽1.3厘米，厚0.3厘米

木简完整，三栏两行书写，内容清楚

该简是朝廷为沿途各驿站下发的接待龟兹王及其夫人的传信。简中的"弟一传"当指最好的宾馆，"如式"即为按照规定必须达到的规格。"龟兹王、王夫人"是龟兹王绛宾和他的夫人解忧公主之女弟史公主。弟史公主自小学习礼仪和音乐，也时常跟随冯夫人出使西域。在访问龟兹国时，龟兹王绛宾对精通乐理的弟史

公主十分倾心。不久之后龟兹王绛宾到乌孙国求娶弟史公主,解忧公主同意了二人的亲事。随后龟兹王夫妇二人带着龟兹乐器前往长安朝贺,汉宣帝向他们赠予了中原的乐器和乐舞。这不仅是西汉与龟兹友好往来的见证,也是中原与西域乐舞之间的一次大规模交流。该简文为研究悬泉置的传舍制度、汉朝的接待礼仪以及西汉与龟兹国之间的往来关系提供了重要的资料。现藏甘肃简牍博物馆。

简牍释文

右使者到县置,共舍弟(第)一传。大县异传舍如式。龟兹王、王夫人舍次使者传。堂上置八尺床卧一张,皁若青帷。阁内□上四卧,皆张帷。床内置传舍门内张帷,可为贵人坐者。吏二人道。

简文大意

该简文主要讲述龟兹王夫妇路过敦煌悬泉置时,置啬夫在大门口安排两名官吏做引导,在堂上放置了一张八尺大的卧床,床上挂有青黑色的帷幔。其他的四张卧床皆张挂有帷幔。除此以外,在门内供人坐的床也张挂有帷幔,专供贵人使用。

汉宣帝元康元年(公元前65年),龟兹王绛宾和王后弟史夫妇二人在解忧公主上书汉宣帝请求省亲得到允许后,便踏上前往京师长安省亲的道路。龟兹王夫妇二人途经悬泉置时,置啬夫为了招待这两位贵客,尽其所能地安排了最高等级的坐卧生活用品,其中就包括汉代王公贵族的殿堂宫室中的重要陈设——"帷"。龟兹王后弟史公主是解忧公主与乌孙昆弥翁归靡的长女,在前往长安省亲的途中,西汉朝廷安排沿途的驿置为龟兹王夫妇提供高规格的接待也是情理之中的事。

阅牍延伸

西汉宣帝元康元年（公元前65年）的一天，悬泉置的置啬夫接到了一份文书。文书提及龟兹王及夫人一行即将到达悬泉置，要求悬泉置按照当时条件下的最高规格予以招待。于是置啬夫便按照文书的要求，立马安排人手操办此事。

几天后，门外响起"咚咚咚"的鼓声，这是悬泉置用于迎接使节和官员的信号。置啬夫立马起身出门迎接，远处浩浩荡荡的一群人伴随着一辆锦车缓缓前进。直到二十五次的敲鼓声停止后，队伍才停到悬泉置门口。在置啬夫的陪同下，龟兹王夫妇向着悬泉置入口处走去。然后置啬夫提前安排在大门口等候的两名官吏引导着众人向专门为龟兹王夫妇准备的住处走去。安排的住所在悬泉置的核心区域，前堂里摆放一张八尺（1.85米）长挂有青黑色帷帐的卧床，后室内的其他四张卧床也皆张挂有帷帐。除此以外，在传舍门内专供贵人使用的床亦挂有帷帐。待龟兹王夫妇一行人稍作歇息后，悬泉置啬夫又为他们准备了丰盛的餐食进行招待。

华丽的帷帐是殿堂宫室中的重要陈设，也是汉代王公贵族身份的标志。在龟兹王夫妇沿途下榻的所有住所中，都要按照文书规定的要求提供坐卧用品的高规格接待。那么汉廷为何会对西域的龟兹国王绛宾和王后弟史如此重视呢？这得从一个公主嫁与国

山西太原北齐徐显秀墓北壁墓主受祭图

王,回长安省亲的故事说起……

西汉楚王刘戊的孙女刘解忧在上任和亲公主刘细君去世后,为延续汉武帝以"断匈奴右臂"的战略计划被远嫁乌孙。解忧公主与第二任丈夫乌孙昆弥翁归靡婚后生有三男两女,其中长女弟史勤奋好学,通晓礼仪,精通音律,擅长弹琵琶。冯嫽代解忧公主出访西域邦国执行和平外交使命时,也会常常带上弟史公主,不仅让她领略异域风情,更尽心培养弟史外交及佐理王政的能力。

一次偶然的机会,弟史公主跟随冯夫人到龟兹国巡访。此时的龟兹国王绛宾是一个酷爱音乐、提倡歌舞的年轻国王。为了欢迎弟史公主和冯夫人的到来,龟兹王绛宾特地在王宫中举办了一场大型乐舞宴会。宴会上待乐师的演奏结束后,国王绛宾也演奏了一首自创的龟兹乐。随后，绛宾真诚地邀请弟史公主弹奏一首琵琶曲。在冯夫人到访的这几日内，龟兹王绛宾与弟史公主相谈甚欢。在公主等众人即将返回乌孙国之时，绛宾单独约见冯夫人并恳请其做媒助他迎娶公主。冯嫽回复绛宾她会将此事报告于昆弥和解忧公主。待冯夫人和弟史回乌孙后不久，龟兹王绛宾便派遣使者至乌孙国向昆弥翁归靡表达了求娶弟史公主的意愿。然而不巧的是，此时弟史公主已去往长安学习鼓琴。

弟史公主在长安学习乐理时勤奋刻苦，加之有最好的宫廷乐师教授技艺，待学成返回乌孙时，已是一位远近闻名的音乐家了。在弟史公主准备返回乌孙国时，西汉朝廷派侍郎一路沿途护送。

龟兹王夫妇在悬泉

龟兹王绛宾在打探到护送弟史公主的使团即将路过龟兹时，为防止求娶公主的事宜再生变故，便决定暂时留住去乌孙国的使团，同时派遣使者携带重礼前往乌孙求亲。解忧公主为龟兹王绛宾的诚意所打动，同意了这门亲事，同时向绛宾传达了必须在获得西汉朝廷的批准后才能定亲的要求。于是，地节四年（公元前66年），龟兹王绛宾遣使上书汉宣帝，郑重提出了要娶弟史公主为妻的请求。汉宣帝同意并下旨为二人赐婚。之后，龟兹王绛宾和弟史公主举行了隆重的婚礼。

龟兹王与弟史公主成亲后，解忧公主便上书汉宣帝，请求让女儿弟史比照汉朝的宗室弟子，前往长安觐见。龟兹王绛宾也上书汉宣帝，请求和王后弟史一同进京。在得到批准后，元康元年

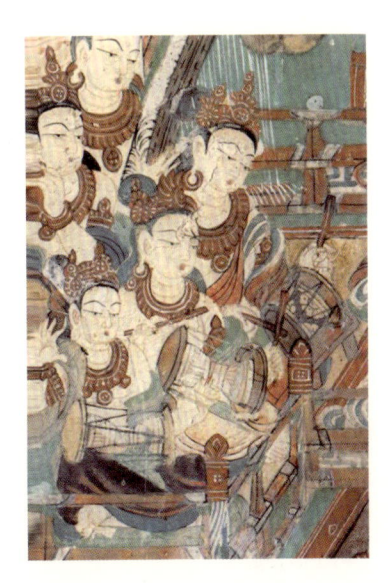

敦煌莫高窟第154窟乐伎演奏腰鼓和羯鼓壁画　　　　敦煌莫高窟第285窟伎乐童子吹奏笙箫壁画

（公元前65年），龟兹王绛宾陪同王后弟史，带着龟兹乐器赶赴长安朝拜汉宣帝。于是，也就有了悬泉汉简记载的悬泉置为龟兹王夫妇提供高规格接待的事宜。汉宣帝召见了来到京城长安的龟兹王绛宾和王后弟史，绛宾向他进贡了龟兹国的名贵乐器——羯鼓与筚篥。汉宣帝也御赐其黄金彩缎，并特赐金印紫绶，封弟史为汉家公主，以接待国王和公主的礼仪款待两人。随后又命协律都尉（掌管校正乐律的官员）协助并指导龟兹王夫妇二人学习汉乐。绛宾和弟史在长安居住的这一年，对汉文化都有了深入的了解。归国时，汉宣帝赐弟史公主车骑旗鼓，并送上绮绣杂缯琦珍数千万。此外，还赠给她一个数十人规模的乐队以及钟、鼓、琴等中原乐器。从此，中原乐舞和乐器被带到了龟兹。这是历史上中原与西域的第一次大规模的乐舞交流。

新疆克孜尔千佛洞第77窟龟兹乐舞持巾舞蹈壁画

龟兹王夫妇回国后，国王绛宾力排众议，按照汉律治理国家，仿照长安城的样式建宫殿、整城墙、铺道路，穿汉服，实行出入传呼、钟鸣鼎食的中原礼仪。王后弟史在国王绛宾的协助下，结合中原与中亚各国乐舞的独特之处，推动了龟兹乐舞的发展。在他们的齐心协力下，龟兹国很快成为举世闻名的乐舞之乡。

在之后的日子里，龟兹王绛宾与王后弟史曾数次到达京师长安朝贺并学习。汉元帝建昭元年（公元前38年）绛宾去世。在去世前的几年里，绛宾已进入暮年，体弱多病。据汉简记载，西汉朝廷曾派太医为龟兹王绛宾治病，前后共用了五年的时间。《汉书·西域传》载："绛宾死，其子丞德自谓汉外孙，成、哀帝时往来尤数。"在绛宾年老逝世后，其子丞德即位，他也曾以汉家外孙的身份多次朝汉。

参考文献

班固：《汉书》，北京：中华书局，1962年。

张俊民：《悬泉汉简所见传舍及传舍制度》，《鲁东大学学报》（哲学社会科学版）2010年第6期。

伽蓝、刘英智：《弟史公主与龟兹王的姻缘》，《新疆人文地理》2013年第9期。

"简"读中国 敦煌汉简里的丝绸之路

精绝古国承汉制

文物简介

木简一枚

出土编号：Ⅱ90DXT0115①:114

1990年出土于敦煌悬泉置遗址

长6.7厘米，宽1.5厘米，厚0.1厘米

简文残泐，可释字共十三个，基本内容清楚

Ⅱ90DXT0115①:114

该简是悬泉置对精绝国王等各国四百七十余人路过悬泉置时的人数统计。简文中的"精绝王"为汉代的精绝国国王，"诸国客"是西域诸国派遣的使节及其随从人员。虽然传世文献对精绝国的记载较少，但据大量出土的考古资料表明，两汉时期精绝国与中原往来频繁，汉廷也曾在精绝国派兵屯戍。该简文为汉与精绝

国的交往史填补了重要资料，对研究悬泉置的传舍制度，汉代精绝国同汉朝的来往关系以及古丝路沿线的诸国关系往来具有重要价值。现藏甘肃简牍博物馆。

简牍释文

送精绝王诸国客凡四百七十人。

简文大意

该简文为悬泉置接待了精绝王及诸国派遣的使者及侍从人员共计四百七十余人。据学界研究与该简同层出土的纪年简有十四枚，最早的是汉成帝阳朔、鸿嘉、永始（公元前24年—前13年）三个连续年号的简，最晚有王莽居摄至始建国（公元6年—13年）时期的。由此可推测出该简的年代大致在西汉末年至新莽时期。简文中有精绝王的记载，由于东汉晚期精绝国被鄯善国兼并，也说明了此简的年代当在此之前。

阅牍延伸

曾经小说及影视作品中的"精绝古城"一度掀起了一阵神秘西域文化的热潮。虽然那些故事纯属虚构，但是精绝国在历史上却是真正存在的。

精绝国，最早见于《汉书·西域传》："精绝国，王治精绝城，去长安八千八百二十里。户四百八十，口三千三百六十，胜兵五百人。精绝都尉、左右将、译长各一人。北至都护治所二千七百二十三里，南至戎卢国四日行，地阨狭，西通扜弥四百六十里。"可知精绝国只是一个小国，在汉代受西域都护管辖，并有一套自己的职官体系。由于精绝国地处丝绸之路上的咽喉要地，精绝古城也便成了西域诸国与中原往来的重要节点城市。

据《后汉书·西域传》记载："匈奴敛税重刻，诸国不堪命，建武中，皆遣使求内属，愿请都护。光武以天下初定，未遑外事，竟不许之。会匈奴衰弱，莎车王贤诛灭诸国，贤死之后，遂更相攻伐。小宛、精绝、戎卢、且末为鄯善所并。""出玉门，经鄯善、且末、精绝三千余里至拘弥。"又有记载："明帝永平中，于阗将休莫霸反莎车，自立为于阗王。休莫霸死，兄子广德立，后遂灭莎车，其国转盛。从精绝西北至疏勒十三国皆服从。而鄯善王亦始强盛。自是南道自葱岭以东，唯此二国为大。"可知两汉之际，汉朝无暇顾及外事，西域各国互相攻伐，精绝等小国只能依附于阗等较为强盛的国家。据学界研究，莎车王贤死在汉明帝永平四年（公元 61 年），鄯善国吞并诸国则是在东汉晚期。最终精绝国还是被兼并，成为鄯善国的一个行政管辖区。

史书中对精绝国的记载较少，一直以来关于它有许多未解之谜。20 世纪初英籍匈牙利人斯坦因在今新疆民丰尼雅乡境内发掘出土了一片汉文木简，上面有非常清晰的汉隶文书"汉精绝王承书从事"。木简为典型的汉代官方文书格式。于是斯坦因推测，出土木简的尼雅遗址和汉简上记述的"精绝王"有密切的关联，

斯坦因一行于尼雅遗址开展发掘工作照片，引自斯坦因《西域考古图记》

尼雅遗址很可能就是《汉书·西域传》中的精绝国故址。著名学者王国维根据斯坦因的考察报告和尼雅遗址中发现的汉代残简肯定了斯坦因的推断，认为该地"在汉为精绝国地"。自此，这座被沙海掩埋千年的故城又重新出现在世人的眼中。

自张骞通西域以来，历代使者出使西域时都会携带金币和锦缎丝绸。来自汉王朝的丝织品，在当时的精绝国和周边的城邦国家很受欢迎，以至于在西域形成了一种仰慕汉家之物的风气。在尼雅遗址的 M3 中出土了一件锦被，经线采用了藏蓝、绛、白、黄、绿等色，纹样有舞人、茱萸纹、变体云纹等，其上绣着"王侯合昏千秋万岁宜子孙"，字体为隶书。学界称之为"锦衾"。对于这件锦衾的来源我们不得而知，或为赏赐，或为贸易所得，抑或为和亲的王侯将相之女携带的嫁妆……但作为贴身的随葬品，无不彰显其珍贵性。

新疆民丰尼雅遗址出土"王侯合昏千秋万岁宜子孙"锦衾，新疆维吾尔自治区社会科学院考古研究所藏

此外，在尼雅遗址 M8 还出土了一件锦护臂，以红、黄、蓝、白、绿五色丝线绣制而成，其上绣有孔雀、仙鹤、辟邪、虎等瑞兽，在护臂上用汉隶绣着八个字"五星出东方利中国"。与"五星出东方利中国"类似的记载在《史记·天官书》中就有，原文为"五星分天之中，积于东方，中国利"。与此锦护臂一同出土的还有织着"讨南羌"字样的一片锦料残片。研究人员根据史料分析，两件织物反映的是"五星出东方，利中国，讨南羌。"

新疆民丰尼雅遗址出土"五星出东方利中国"织锦及"讨南羌"织锦残片，新疆维吾尔自治区博物馆藏

在《汉书·赵充国传》等大量的史料中,都曾记载过汉羌之间的战事。汉宣帝神爵元年(公元前61年)羌人叛乱,在此紧急关头,后将军赵充国自荐率兵征伐。虽然此时的赵充国已是古稀之年,但汉宣帝考虑到他善于用兵,仍派遣赵充国讨伐羌族各部。赵充国认为,要想完全征服羌族各部,不能急于一时。于是他在湟水与大通河之间(今青海河湟盆地)遍设屯田,慢慢吸纳、同化羌族诸部。屯田虽然很有成效,但汉宣帝认为进度过慢,只是即使要出兵作战也得深思熟虑,选择适当的时机。据《汉书·天文志》记载:"五星分天之中,积于东方,中国大利;积于西方,夷狄用兵者利。"又《汉书·赵充国传》记载:"今五星出东方,中国大利,蛮夷大败。"当时汉宣帝得知五星聚于东方苍穹,认为是出兵的好兆头,便让赵充国和敦煌、酒泉的驻军一起出击,最终也取得了胜利。锦护臂上的字样,五星连珠时"讨南羌",正是战事有利汉王朝的象征。这富有时代特色的句子,被工匠织在锦上,而织锦又出现在西域的精绝国,这也体现出精绝国与汉朝的密切往来关系。

1959年,史树青先生在尼雅遗址所在地(今新疆民丰)征集到了一方印章,此印章印文为篆体白文"司禾府印"。学界根据它的印文内容推测它是汉代官方管理屯田机构的印章。但是史书上没有关于"司禾府"这一官署的记载。《后汉书·西域传》仅记载汉明帝派兵北征匈奴,在收复哈密后,设置宜禾都尉管理屯田事宜。尼雅遗址古代为精绝国,也曾由汉朝中央政府派兵驻扎,开垦农田。"司禾府印"与"宜禾都尉"均为汉朝在西域屯田的印证。

  悬泉汉简记载表明，自汉宣帝以来，西域的精绝国就一直同中原的西汉朝廷保持着领属和贡使的关系。自汉宣帝设置西域都护府管辖西域诸国后，汉与西域诸国的往来更为频繁。在悬泉汉简Ⅰ91DXT0309③:97中记载，悬泉置曾集中接待从大月氏、大宛、疏勒、莎车、渠勒、精绝、扜弥等西域诸国客，这些人员应当是沿丝绸之路南道结伴而行。由此我们可以想象当年古丝路行人相望于道的繁华景象，以及人声鼎沸的悬泉置。

参考文献

司马迁：《史记》，北京：中华书局，1959年。

班固：《汉书》，北京：中华书局，1962年。

范晔：《后汉书》，北京：中华书局，1965年。

史树青：《谈新疆民丰尼雅遗址》，《文物》1962年第Z2期。

贾应逸：《新疆尼雅遗址出土"司禾府印"》，《文物》1984年第9期。

林梅村：《汉代精绝国与尼雅遗址》，《文物》1996年第12期。

张德芳：《悬泉汉简中有关西域精绝国的材料》，《丝绸之路》2009年第24期。

大月氏来使

文物简介

木简一枚
出土编号：Ⅱ90DXT0216②:702
1990年出土于敦煌悬泉置遗址
长22.3厘米，宽1.9厘米，厚0.45厘米
有文字上、下两栏，上栏四行，下栏两行
简文字迹模糊，但涉及人物、时间的重要信息十分明确

　　该简为悬泉置保留的汉元帝建昭二年（公元前37年）敦煌太守府为东行的大月氏休密翖侯一行人开具的传信。其中"遣守候李□"是朝廷或西域都护府所派遣护送西域使者的官吏，来自西域的客人主要是"大月氏休密翖侯"的使者或贵

Ⅱ90DXT0216②:702

人。传世文献对大月氏的记载较为简略,且对贵霜帝国建立前后各半个世纪的记载存在缺环。因此对于贵霜帝国来源于大夏还是大月氏的意见,学界多有分歧。而悬泉汉简中记载的"大月氏休密翖侯"以及其他关于大月氏情况的记载,主要反映了贵霜帝国建立之前半个多世纪里大月氏及其属下五翖侯的情况,为贵霜帝国起源于大月氏的说法提供了佐证。该简文为贵霜帝国建立时期大月氏的情况填补了史料空白,为研究悬泉置的传舍制度、西汉与大月氏的关系以及古丝路沿线的诸国往来提供了重要的资料。现藏甘肃简牍博物馆。

简牍释文

□□□遣守候李□送自来大月氏休密翖侯。□□□贵人□□国贵人□□□□□弥勒弥□……建昭二年三月癸巳朔辛丑,敦煌大守彊、长史□□□□□乌孙国客皆奉献诣。

……三月戊申东。守部候脩仁行丞事,谓敦煌,以次为驾,如律令。

简文大意

该简文记载,建昭二年三月初一,敦煌太守府开具了一封传信,派遣官吏护送七日后由西向东行的大月氏休密翖侯使者或贵人等,并要求沿途驿站按律提供马车。

此简中的大月氏休密翖侯为大月氏下属的五翖侯之一。大月氏休密翖侯同康居王下属的苏薤王情况相似,是大月氏领属下并享有独立外交权的地方君长。此行东去朝见汉元帝的西域使者团主要是大月氏休密翖侯使者或贵人,由于该使团的级别较高,因此敦煌太守发文要求悬泉置为他们准备车马。

阅牍延伸

当张骞和堂邑父等人第一次到达大月氏时,大月氏王庭尚在妫水(今阿姆河)北岸的索格狄亚那地区。大致在张骞使团走后不久,大月氏就渡过阿姆河,占领了巴克特里亚的大夏故地。

《汉书·西域传》记载:"大夏本无大君长,城邑往往置小长,民弱畏战,故月氏徙来,皆臣畜之,共禀汉使者。有

新疆哈密巴里坤哈萨克自治县大月氏定居遗址

五翖侯：一曰休密翖侯，治和墨城，去都护二千八百四十一里，去阳关七千八百二里；二曰双靡翖侯，治双靡城，去都护三千七百四十一里，去阳关七千七百八十二里；三曰贵霜翖侯，治护澡城，去都护五千九百四十里，去阳关七千九百八十二里；四曰肸顿翖侯，治薄茅城，去都护五千九百六十二里，去阳关八千二百二里；五曰高附翖侯，治高附城，去都护六千四十一里，去阳关九千二百八十三里。凡五翖侯，皆属大月氏。"在王庭移至阿姆河南的巴克特拉后，大月氏王将所控疆域分为休密、双靡、贵霜、肸顿、高附五部翖侯。所谓"五部翖侯"，约相当诸侯或世袭酋长，分治一地不相统属。

关于五翖侯的族属、居地，据学界研究，大体位置应在吐火罗斯坦东南部山区。休密翖侯在瓦罕之南，乞特拉尔东北约九十公里处。翻越葱岭西行，遇到的第一个大的族群或地方君长，就是大月氏所属的休密翖侯。双靡翖侯其地当在瓦罕以南，在今巴基斯坦境内。贵霜翖侯其地在瓦罕山谷中潘扎水南岸冲积扇上。肸顿翖侯其地当为今阿富汗东北之巴达赫尚省首府法扎巴德以东地区。高附翖侯其地在今科克恰河流域。从五翖侯的分布看，都在今阿富汗东北、阿姆河上游、瓦罕峡谷、兴都库什山以北地区。

据《汉书·西域传》记载，大月氏不受西域都护管辖，尽管距离汉朝较远，自西汉武帝刘彻派张骞出使西域以来，大月氏与西汉一直保持着密切的外交关系。关于大月氏的具体史料，传世文献中较为缺乏。悬泉汉简中有关大月氏的简牍，其时代为西汉宣帝至西汉末年。根据相关简文的内容，悬泉置曾多次接待来往于丝路上的大月氏使者。另外，直至公元前1世纪末，五翕侯分治的状态仍然持续。悬泉汉简Ⅱ90DXT0216②：702、V92DXT1210③：132B分别记载了公元前37年和公元前43年休密翕侯、双靡翕侯派遣使者前往长安。相对其他三个翕侯而言，这两个翕侯更靠近汉朝。又据悬泉汉简记载，大月氏前往西汉的使者身份有三种：一是来自大月氏，二是来自大月氏属下五翕侯中的双靡翕侯和休密翕侯，三是来自归顺西汉的归义大月氏。这也印证了"大月氏王"与"五翕侯"并存的状态。

在五部翕侯和睦相处了一百多年后，贵霜翕侯征服了其他四部翕侯，自立为王，在大夏王国的废墟上建立了新王朝——贵霜。西域诸国都称其国王为贵霜王，只是汉朝还是和以前一样称呼其为月氏王。贵霜帝国建立之后就采取了向外扩张的策略，侵占了安息，夺取了高附地，随后又攻灭了蹼达、罽宾等国家。贵霜国王丘就却在八十多岁逝世后，其子闰膏珍继王位，继续向外扩张。在吞灭天竺之后，他派遣了一名大将驻于天竺国监视国内动态并领导天竺国。此后又征服了印度西北部的旁遮普地区以及印度的东北部地区。其领土范围北达咸海以至里海，西抵伊朗高原，南部到达中印度文迪亚山，东至葱岭，中部包括阿姆河、锡尔河流域及北印度地区。至此，贵霜帝国达到了国力最强盛的时期。贵霜帝国的首都也发生了南迁，从中亚的巴克特里亚迁至北印度的富楼沙（今巴基斯坦北境的白沙瓦）。

大月氏占据大夏地以后，同当地各族相处数十年乃至百余

贵霜帝国迦腻色伽王金币

岁。因此大月氏与大夏文化、民族间相互融合,大月氏国货币上刻有佛像的事实现为学术界所认同。最初贵霜帝国发行的货币上刻有希腊、波斯、印度诸神之像,后来发行的货币始铸造释迦牟尼佛像。据学界研究,贵霜国王丘就却、迦腻色伽都信奉佛教,但贵霜帝国仍对各种宗教采取兼容并蓄的政策。

据《三国志·魏书》注引《魏略·西戎传》的记载:"哀帝元寿元年(公元前2年),博士弟子景卢受大月氏王使伊存口受《浮屠经》。"这位伊存就是最早来中国的大月氏僧人。而据佛教典籍等相关资料,从大月氏来中原译经的著名僧人有支娄迦谶、支谦、支曜、支法度、支道根、支施仑、支强梁接、摄摩腾、竺法兰、昙摩难提、僧建、实叉难陀、弥陀山、道泰、竺法护、聂道真、聂承远等十七人,共译出经卷二百零二部五百一十五卷。另外,汉明帝时,蔡愔一行也是从大月氏带回了佛经四十二章与优填王绘的释迦倚像。这就是历史上著名的"白马驮经"。自此,中原佛法僧三宝俱全。

通过传世史籍和出土汉简可以看出，虽然大月氏为匈奴所灭，西迁后分其国为五部翖侯，但自汉武帝派张骞出使西域至西汉末年，汉与大月氏双方一直互相派遣使者，互通有无。而佛教也正是经由丝绸之路上的大月氏等国传入中国，为中华文明带来了极为深远的影响。

阿富汗蒂拉丘地大月氏王陵出土汉代铜镜

阿富汗蒂拉丘地大月氏王陵出土具有汉地纹饰特色的扣饰

参考文献

班固：《汉书》，北京：中华书局，1962年。

范晔：《后汉书》，北京：中华书局，1965年。

岑仲勉：《汉书西域传地里校释》，北京：中华书局，1981年。

余太山：《塞种史研究》，北京：中国社会科学出版社，1992年。

郝树声、张德芳：《悬泉汉简研究》，兰州：甘肃文化出版社，2009年。

杨富学、米小强：《贵霜王朝建立者为大月氏而非大夏说》，《宁夏社会科学》2020年第4期。

康居王使者献橐驼

"简"读中国 敦煌汉简里的丝绸之路

文物简介

木简七枚

出土编号：Ⅱ90DXT0216②：877—883

1990年出土于敦煌悬泉置遗址

柽柳材质，均长23.5厘米，前四枚简宽1厘米；后三枚简中间削成脊形，两行书写，宽1.7厘米两道编绳犹在。册书形制保存完整，字迹清晰

这份出自敦煌悬泉置遗址的珍贵册书，为汉元帝永光五年（公元前39年）康居王和下属的苏薤王派遣使者及贵人，不远万里献贡物时，在酒泉因贡物的评估与当地官员发生了纠纷，朝廷下令调查此事的文书，一般被称作《康居王使者册》。该册书说明了汉廷官吏对康居王使

者等人存在有意怠慢刁难的情况，反映了汉元帝时期康居与汉朝不和谐的政治关系。双方关系紧张可能是康居国联盟匈奴郅支单于，与西汉为敌造成的。该册书的出土，不仅为研究当时的行政和司法审判程序提供了第一手资料，更重要的是为研究汉与康居的关系提供了原始资料，亦是今天的中亚各国研究本国古代历史的重要资料，可补传世史籍之阙载。现藏甘肃简牍博物馆。

简牍释文

　　康居王使者杨伯刀、副扁闻，苏䔾王使者姑墨、副沙囷、即贵人为匿等皆叩头自言，前数为王奉献橐佗入敦煌关县次购食至酒泉昆口官，太守与杨伯刀等杂平直（值）肥瘦。今杨伯刀等复为王奉献橐佗入关，行道以次食。至酒泉，酒泉太守独与小吏直（值）畜，杨伯刀等不得见所献橐佗。姑墨为王献白牡橐佗一匹，牝二匹，以为黄，及杨伯刀等献橐佗皆肥，以为瘦，不如实，冤。永光五年六月癸酉朔癸酉，使主客部大夫谓侍郎，当移敦煌太守，书到验问言状。事当奏闻，毋留，如律令。七月庚申，敦煌太守弘、长史章、守部候修仁行丞事，谓县，写移书到，具移康居苏䔾王使者杨伯刀等献橐佗食用谷数，会月廿五日，如律令。/掾登、属建、书佐政光。七月壬戌，效谷守长合宗、守丞、敦煌左尉忠谓置，写移书到，具写传马止不食谷，诏书报会月廿三日，如律令。/掾宗、啬夫辅。

简文大意

　　该简册主要记述在永光五年康居王使者和苏䔾王使者及贵人前来贡献，他们以往数次奉献贡物时，进入敦煌地域后都会受到饮食接待,但是这次不仅没有被提供饮食,而且地方官员在没有联系他们的情况下独自评估了贡物。他们所献的三匹膘肥体壮的白骆驼被酒泉太守评估为羸瘦的黄骆驼,因为评估的结果不如实,于是康居使者上诉朝廷申冤。永光五年六月初一朝廷管理对外交往和蛮夷事务的使主客谏大夫发文书于敦煌太守,要求核查此事,按时上报朝廷。敦煌太守又发文至效谷县,效谷县发文至悬泉置,要求将当时的情况如实上报。

虽然最终的调查结果简中没有记载,但是《康居王使者册》生动地反映了中亚使者到汉地贡献的真实状况,是丝绸之路商贡贸易的实证。据悬泉汉简记载,伴随着中西方使团的往来,西域诸国贡献的物品不仅有骆驼、良马,还有狮子等物,传世文献中还有奉献大鸟的记载,可见当时贡赐贸易十分发达。

阅牍延伸

汉元帝永光五年(公元前39年),康居王使者杨伯刀、副使扁阗,苏薤王使者姑墨、副使沙囷、贵人为匿五人,从康居国前往汉地献骆驼。这并非是康居国第一次派使者向汉廷进献贡物,也不是这群康居使者初到汉地进贡。据史料记载,早在汉宣帝甘露元年(公元前53年),就有一支由七十六人组成的康居使团带着七十八头牛、马、骆驼等贡物前往中原,浩浩荡荡地走进了玉门关并得到了沿途驿站官员热情的接待。而以往康居使团每次从敦煌入关向东前往酒泉的途中,也都有汉廷官员予以食宿接待。等到达酒泉郡后,酒泉太守及下属官员则会与朝贡者一起对贡物进行评估。但是，这次贡献物品时遇到的情况却与之前有所不同。当康居使团进入敦煌境内后，从敦煌郡到酒泉郡的途中，不仅没有任何汉廷官员招待他们，甚至到达酒泉郡后，酒泉太守和吏卒在对康居使者贡献的骆驼进行评估时，并没有通知他们，而是单方面对贡物进行了评价。酒泉太守评价的结果与贡物的实际情况也有较大的出入，康居王使者杨伯刀贡献的骆驼本是膘肥体壮的三匹白骆驼，可酒泉太守及其下属却评定为羸瘦的黄骆驼。面对这不如实的评估结果，杨伯刀等人上告朝廷，申诉冤情。

永光五年六月初一，西汉朝廷主管对外交往和蛮夷事务的使主客谏大夫发文到敦煌郡，要求敦煌太守接到文件后立即对此事件进行查询并按时上报朝廷，不得延误。从京师行文到敦煌，中间相隔四十八天。七月十八日，敦煌太守弘、

康居王使者

长史章以及兼行丞事的守部候修仁联署文件，发文到效谷县，要求县廷在接到文件后，在七天之内统计好康居王使者路过县境时为之提供的谷物数量并于二十五日之前上报至太守府。七月二十日，效谷守长合宗、守丞忠（时为敦煌左尉）联署文件，发文至悬泉置，要求悬泉置在三天之内统计好接待康居王使者使用的谷物数量，于本月二十三日将传马食谷情况上报县廷。最后具体的调查结果如何，我们不得而知。但是，悬泉置出土的这份文书却清楚地记载了西汉朝廷与康居国之间的关系，为我们研究丝路沿线诸国往来提供了参考依据。

《康居王使者册》记载的西域来使除了康居王使者外，还有苏薤王使者。苏薤王具体是什么身份呢？又为何会与康居王使者一起献贡物？其实康居国下属有五小王，分别是苏薤王、附墨王、窳匿王、罽王、奥鞬王。五小王虽然附属于康居国，但也能独立地对外交往，例如汉简中康居王与苏薤王同时派遣使者来汉朝贡。康居的活动范围主要在今锡尔河以北的哈萨克斯坦南部草原。五小王的分布地区除窳匿王在今塔什干一带外，其余四王均在乌兹别克斯坦泽拉夫善河（今布哈拉河）流域索格底亚那。

《康居王使者册》记述了不属西域都护管辖的康居王及其下属的小王苏薤王派遣使者不远万里来汉贡献的事件，也反映出当时西汉朝廷对康居使者存在有意怠慢刁难的情况。而双方之间不和谐的政治原因可能与康居同匈奴郅支单于结盟有关。

汉宣帝五凤元年（公元前57年）七月至五凤二年（公元前56年）十一月，匈奴内乱，呼韩邪单于、屠耆单于、呼揭单于、

哈萨克斯坦南部草原

车犁单于、乌藉单于五单于争立为王。在此之际，呼韩邪单于的兄长呼屠吾斯自立为郅支单于并向西扩张。

汉宣帝甘露元年（公元前53年），西汉使者与解忧公主谋杀乌孙昆弥狂王未遂，乌就屠乘机拥兵袭杀狂王。西域都护郑吉派冯嫽劝说乌就屠降汉，后乌就屠受封为乌孙小昆弥，自此乌孙分裂为大、小昆弥两部分。小昆弥乌就屠因众心皆附，力量超过乌孙大昆弥泥靡。郅支单于在向西域扩张时，于汉宣帝黄龙元年（公元前49年）杀死了伊利目单于。在得知汉朝出兵帮助呼韩邪单于重返王庭的消息后，便想联合乌就屠。但乌就屠杀掉了郅支单于派来的使者，拥兵八千迎击郅支单于。结果乌就屠的行动被郅支单于发现，两军大战，乌就屠惨败而回。汉元帝初元四年（公元前45年），郅支单于派使者到西汉进贡，表示愿意归附，并请求接回在汉朝为质子的儿子驹于利。初元五年（公元前 44 年），汉元帝派遣汉使谷吉送郅支太子回国，结果郅支单于杀害了谷吉与调停乌孙被击事件的汉使江乃始。汉廷不知谷吉已被杀害，到了永光元年（公元前 43 年），汉廷还曾派使者向呼韩邪单于打听汉使谷吉的消息。

初元五年（公元前 44 年），因乌孙国曾多次发兵围攻康居，康居王耿耿于怀，于是遣使者前往郅支居地坚昆，商讨联合消灭乌孙。双方一拍即合。汉元帝永光元年（公元前 43 年）匈奴郅支单于西奔到康居，被康居王安置在与乌孙国相邻的地方，双方结盟，"康居王以女妻郅支，郅支亦以女予康居王"。自此之后，郅支单于以康居为后盾，更加有恃无恐，频频出兵西域。在以后的几年内，郅支单于数次遣兵进攻乌孙，而曾经在西域三十六国中唯一可抗衡匈奴的乌孙国，面对郅支单于的进攻也只有招架之力。郅支单于甚至深入乌孙境内，兵力所及有时可达乌孙大昆弥居地赤谷城一带。西域诸国面对郅支单于的攻势，根本无力抵抗。以大宛为首的诸城邦之国，由于缺乏西汉的保护，不得不臣服，每年向郅支单于贡献物品。

《汉书·西域传》载："康居国，王冬治乐越匿地。到卑阗城。去长安万二千三百里。不属都护。至越匿地马行七日，至王夏所居蕃内九千一百四里。户十二万，口六十万，胜兵十二万人。东至都护治所五千五百五十里。与大月氏同俗。东羁事匈奴。"据学界研究，康居东与乌孙以楚河为界，今塔拉斯河流域即为康居王迎置郅支单于之地。西北与奄蔡的分界在锡尔河下游,西南与安息以妫水为界,南与月氏以西天山余脉阿赖山及铁门关为界,东南与大宛以恰特卡尔—库拉马山为界。这应是康居最盛时的疆域。

郅支单于不但攻击与汉结盟的乌孙,而且还控制了康居国与汉为敌。郅支单于控制康居后,对西域安全构成了严重威胁。因此,汉元帝建昭三年(公元前36年)秋,西域都护甘延寿、副校尉陈汤发戊己校尉屯田吏士及西域诸国兵至康居,诛灭郅支单于,解除了郅支单于对西域安全的威胁。

参考文献

班固:《汉书》,北京:中华书局,1962年。

余太山:《大宛和康居综考》,《西北民族研究》1991年第1期。

袁延胜:《悬泉汉简所见康居与西汉的关系》,《西域研究》2009年第2期。

张德芳:《汉简中的丝绸之路——大宛和康居》,《中原文化研究》2014年第5期。

郝树声:《汉简中的大宛和康居——丝绸之路与中西交往研究的新资料》,《中原文化研究》2015年第2期。

"简"读中国 敦煌汉简里的丝绸之路

折垣王献狮记

文物简介

木简一枚
出土编号：Ⅱ90DXT0214S:55
1990年出土于敦煌悬泉置遗址
长7.5厘米，宽1.8厘米，厚0.2厘米
木简上下残断，文字残泐，但基本内容清楚

　　该简记载了悬泉置接待了专门前往迎接折垣王所献狮子的汉使。简中的折垣国在史籍中未有记载，有学者考证，"折垣"就是汉籍称作"乌弋山离"的塞人国家。"师子"即"狮子"，"师使者"可能指折垣王遣送狮子的使者。"钩盾"是少府属官。《后汉书》中多有东汉时期西域诸国献狮子的记载，但《史记》《汉

书》中却没有西汉时期西域进献狮子的记录。而该简证明西域诸国献狮子早在西汉后期就开始了。该简文为研究悬泉置的传舍制度、西汉西域诸国献畜的管理、西汉与西域的关系，以及丝路沿线东西文化交流史提供了重要资料。现藏甘肃简牍博物馆。

简牍释文

其一只以食折垣王一人师使者，□只以食钩盾使者迎师子，□以食使者弋君。

简文大意

该简文记载，折垣王派遣使者向汉朝贡献狮子，西汉朝廷派遣少府属吏钩盾使者前往迎接，悬泉置对其进行了接待。从内容来看，该简应当是悬泉置《鸡出入簿》中的一枚。汉廷专门派遣使者迎接奉献物，沿途各驿站按律提供了鸡等肉食，属于优待，体现出汉朝对贵重物种十分重视。

该简记载的汉廷派去迎接狮子的钩盾使者应是由钩盾这一机构派出的使者。钩盾主管长安的近池苑囿，供皇家玩赏的奇树珍果、珍禽异兽都应在其职能范围内。这也说明折垣王奉献的狮子是要被安置在长安近池苑囿，以便于帝王将相、达官贵人和四夷之客玩赏。

阅牍延伸

"狮子"，古代波斯语音译，中国古代文献中常写作"师子"。狮子曾分布欧、亚、非三洲大多数地区，但中国不产狮子,历代学者都认为中国早期的狮子多来自西域。郭璞注《尔雅》曰:"(狻猊)即师子也,出西域。"明李时珍曰:"狮子出西域诸国。"张骞两次出使西域使得西汉人了解到中亚的政治形势、民族分布、物种特色等概况。但《史记·大宛列传》乌弋山离的相关记载中,并没有提到产狮子。在此之后,陆续有其他使节到过乌弋山离,才对此有所了解。在我国历代文献中,关于狮子的明确记录,最早见于《汉书·西域传》:"乌弋地暑热莽平,其草木、畜产、五谷、果菜、食饮、宫室、市列、钱货、兵器、金珠之属皆与罽宾同,而有桃拔、师子、犀牛。"据学者罗帅推测,悬泉置出土的"师子"简年代在公元前48年至前13年之间,"折垣"或为史籍中称作"乌弋山离"的塞人国家,是南迁的塞人在原属安息的地界建立的王国。

从甘肃出土的汉简内容来看,以献畜为目的的西域使团入关后,需要接受敦煌郡有关部门(玉门关、阳关)的清点和沿途接待厩置官吏的查验登记。沿途厩置对献畜进行登记、校验,逐级上报。像骆驼、驴等一般的献畜,可能由昆蹏官等中央设在河西的厩苑评估收纳。狮子、大宛马等罕见的奉献物,则由安置地派出专使来迎接,最终安置于长安近苑。

《汉书·西域传》记载:"自是之后……钜象、师子、猛犬、大雀之群食于外囿。殊方异物,四面而至。"进贡的狮子一般在皇宫饲养,供帝王和贵族观赏。此外《三辅黄图》中提及汉长安城奇华殿附近兽圈内有狮子与大鸟:"奇华殿,在建章宫旁,四海夷狄器服珍宝,火浣布、切玉刀、巨象、大雀、师子、宫马，充塞其中。"这说明在汉武帝时期狮子已经到了中原，成为皇家园林专门饲养的一种珍奇动物。

虽然西汉时就有产狮地及狮子的记载，但传世典籍中有明确记载的贡狮却是始于东汉时期。该时期西域贡狮共有四次。第一次是在汉章帝章和元年（公元87年）年底，"西域长史班超击莎车，大破之。月氏国遣使献扶拔、师子"。然后是章和二年（公元88年）二月，汉章帝去世，汉和帝继位，这年年底，"安息国遣使献师子、扶拔"。汉和帝永元十三年（公元101年），"冬十一月，安息国遣使献师子及条枝大爵"。最后一次是在汉顺帝阳嘉二年（公元133年），"疏勒国献师子、封牛"。疏勒在今新疆地区，也并不产狮子，其所贡之狮有可能是从邻近的中亚得来。

虽然是在张骞通西域之后，西域诸国才开始贡狮，但国人早在先秦时对狮子的形象就有所认识。狮子在先秦文献中被称作"狻猊（麑）"。《穆天子传》记载："名兽使足□走千里，狻猊□野马走五百里。"郭璞注曰："狻猊，师子，亦食虎豹。"狻猊是中国古代神话传说中龙生九子之一，形如狮。《尔雅》中只有"狻猊"，未见"师子"，可见西汉初年"师子"一词尚未传入中国。《汉书》中的狮子写作"师子"，但同时期的《说文解字》中的"师"字并无狮子的意思，可见当时"师子"一词虽已传入但尚未普及。而《后汉书》中东汉的四次贡狮都写作"师子"。可见，最迟到东汉末，"师子"开始取代"狻猊（麑）"成为最普遍的名称。至于"狮"字，则是宋以后产生的增旁后起字。

虽然通过入贡来到汉地的狮子数量并不多，但对中原文化

古狻猊墨，故宫博物院藏

东汉石辟邪，洛阳博物馆藏

的影响非常深远。这一点从西汉晚期以后大量的狮子艺术品中可以佐证。如汉元帝的渭陵寝殿遗址出土了一批玉兽，其中有两件带翼龙角的玉狮，造型具有典型的中原文化特征。在安徽阜阳南郊的红旗中学曾出土一件铜质翼狮，四川也曾出土过东汉陶制翼狮。新疆尼雅遗址东汉墓出土有带狮子图案的棉布残片。河南、陕北等地出土的汉画像石上都有出现浮雕石狮子像。此外，东汉时期墓前开始流行大型狮子石雕。如年代约在东汉桓帝时期的河南南阳宗资墓前就有石狮。据《后汉书·灵帝纪》注曰，"今邓州南阳县北有宗资碑，旁有两石兽，镌其膊一曰'天禄'，一曰'辟邪'"。文中的天禄、辟邪即今所见的狮子石雕。汉代之后的绘画作品中也有许多以狮子为题材的，如三国曹不兴《夷子蛮兽样》，唐裴孝源《贞观公私画史》、张萱《拂菻图》、周昉《拂菻图》《蛮夷执贡图》，等等。

另外，据《汉书·礼乐志》记载，汉时朝贺置酒为乐，"常从象人四人"。三国时期魏国人孟康解释"象人"："若今戏虾鱼师子者也。"即"象人"是扮演鱼、虾、狮子的艺人。这里的"戏师子"可能就是最早的狮子舞。

狮子和佛教基本同时传入中国。狮子是佛教护法者，又是文殊菩萨的坐骑，因此在宗教艺术作品中常见有狮子的形象。如敦煌莫高窟第275窟中的彩塑交脚菩萨两侧，各立有一狮子像。甘肃武山拉梢寺北峭壁的巨大佛像下方佛座上有莲花、大象、卧狮、卧鹿等浮雕图案。榆林窟第25窟绘有文殊骑狮图。

随着佛教的传入，特别是佛教文化的盛行，对狮子的崇尚逐渐发展成为一种独立于佛教文化的中国狮文化。汉时一些官宦

敦煌莫高窟第275窟
彩塑交脚菩萨两侧的狮子像

瓜州榆林窟第25窟文殊骑狮图

之家及宫廷的四门、里坊门前都立有石狮。至唐时宫门四面列置的石狮已不止一对。直至后期，达官显贵之家门前的石狮数量和造型都有严格规定。一般居门右侧的是雄狮，雄狮左前爪下踏一只球，那只球既是权力又是统一寰宇的象征，俗称"狮子滚绣球"。居门左侧的是雌狮，雌狮右前爪下踏着一只小狮子，小狮子象征子嗣昌盛，俗称"太师少师"。此外，石狮头上的发髻（疙瘩卷）也有讲究。最高级别的皇室石狮头上有四十五个疙瘩，代表皇帝是九五之尊。一品官员的府邸门前的石狮头上有十三个疙瘩，每低一级少一个，七品以下官员门口则不得使用石狮。

汉代丝绸之路开辟后，不断有西域国家入贡狮子。罕见的狮子形象引起了国人的兴趣，出现了不同类型的狮子相关艺术品。随着佛教文化的盛行，狮子从最初与佛教关联紧密到渐渐从宗教文化中脱离出来，形成了独具特色的狮文化。狮子也成为中华民族精神的象征。

参考文献

司马迁:《史记》,北京:中华书局,1959年。

班固:《汉书》,北京:中华书局,1962年。

范晔:《后汉书》,北京:中华书局,1965年。

刘自兵:《佛教东传与中国的狮子文化》,《东南文化》2008年第3期。

杨岗:《论神兽辟邪与佛教中狮子的关系——从汉元帝渭陵出土的两件玉辟邪谈起》,载《秦汉研究》(第六辑),西安:陕西人民出版社,2012年。

罗帅:《悬泉汉简所见折垣与祭越二国考》,《西域研究》2012年第2期。

石云涛:《汉唐间狮子入贡与狮文化》,《武汉科技大学学报》(社会科学版)2018年第2期。

冯玉:《西北汉简所见西域献畜的管理》,《西域研究》2021年第3期。

"简"读中国 敦煌汉简里的丝绸之路

天马出大宛

文物简介

木简一枚
出土编号：Ⅱ90DXT0115④:37
1990年出土于敦煌悬泉置遗址
长23厘米，宽1.3厘米，厚0.3厘米
木简完整，字迹内容清楚

　　该简为汉昭帝元平元年（公元前74年）朝廷派遣使者到敦煌郡迎天马，路过悬泉置时留下的传信抄件。简中的"乘传"为驾四马的传车，是朝廷官员出使时使用的较高规格的交通工具。传世文献记载，自从汉使持金购买优良马种被杀后，汉武帝太初四年（公元前101年）朝廷派贰师将军李广利征伐大宛。之后大宛国不仅派遣质子入汉，而且"岁献天马二匹"。此简表明，自太初四年后相当长的一段时期内，大宛国一直践行着每年向西汉朝廷献马两匹的约定，大宛和汉朝始终保持着往来贡使的关系。该简文对研究汉与大宛国之间的关系、汉代的马政以及悬泉置的传舍制度提供了重要资料。现藏甘肃简牍博物馆。

简牍释文

元平元年十一月己酉，□□诏使甘□□迎天马敦煌郡。为驾一乘传，载御一人。御史大夫广明下右扶风，以次为驾，当舍传舍，如律令。

简文大意

该简文的主要内容是元平元年十一月十六日，御史大夫田广明下发了一封传信，要求右扶风一路向西的沿途各驿站传舍，均要按律为朝廷专门派遣前往敦煌迎天马的使者提供车马食宿。

自太初四年以来，大宛国每年要向汉廷贡献天马两匹。在当时交通条件极不便利的情况下，朝廷每年都要派专员远赴敦煌郡，将贡使和天马迎回京师长安，沿途各驿站均要提供相应的交通和食宿接待，可见西汉朝廷对天马的重视程度之高。

> 阅牍延伸

太一之歌

[汉] 刘彻

太一贡兮天马下,沾赤汗兮沫流赭。
骋容与兮跇万里,今安匹兮龙为友。

天马,原指渥洼水中所得神马。汉武帝元鼎三年(公元前114年),汉武帝"得神马渥洼水中,复次以为《太一之歌》"。当时天马被视作神马,用以供奉太一神。汉武帝元封六年(公元前105年),汉与乌孙和亲,所获聘礼中有一千匹乌孙马。从张骞第二次出使西域到与乌孙和亲,历时十余年。因乌孙马来之不易,汉武帝特作《西极天马歌》,歌曰:

天马来兮从西极,经万里兮归有德。
承灵威兮降外国,涉流沙兮四夷服。

因此"天马"一度指乌孙名马。只是后来"天马"的所指又有所改变。汉武帝元朔三年(公元前126年),张骞在历时十三年后回到长安。他向汉武帝翔实上报了所到西域诸国的所见所闻。于是才有了所谓"大宛之迹,见自张骞"的说法。

在张骞出使西域之前,汉朝和大宛还处在彼此完全陌生的状态。据《史记·大宛列传》记载:"大宛在匈奴西南,在汉正西，去汉可万里。其俗土著，耕田，田稻麦。有蒲陶酒。多善马，马汗血，其先天马子也。"从张骞的言辞中，汉武帝得知在长安以西万里之外的西域大宛国拥有大量汗血宝马。当时汉朝与北方匈奴已交战多年。匈奴人善战，尤以骑兵为最。这使汉武帝迫切希望通过引进大量的西域良马来提升汉朝骑兵实力。

在张骞两次出使西域，打通了东西方的往来交通路线后，汉朝出使西域的使者渐渐增多，对西域诸国的了解也越发详细。有熟悉大宛的汉使向汉武帝禀告："宛有善马在贰师城。"汉武帝听到这个消息非常高兴，便"使壮士车令等持千金及金马以请宛王贰师城善马"。汉使到大宛国后表明此行的来意，但大宛国王认为汉廷与大宛相距甚远，路途艰险，不仅不应允汉朝求取大宛善马的提议，还杀害了汉使，掠夺了财物。事已至此，汉朝不仅引进大宛汗血宝马的目的没有达到，还使得王朝的威严受到了侵犯。被激怒的汉武帝决定立即派贰师将军李广利远征大宛。

据《史记·大宛列传》记载："大宛及大夏、安息之属皆大国。"大宛国拥有人口三十万，军队六万。与当时西域诸国相比，人口和军队的数量居第二位，仅次于乌孙。汉武帝"拜李广利为贰师将军，发属国六千骑，及郡国恶少年数万人，以往伐宛。期至贰师城取善马，故号'贰师将军'"。汉朝低估了大宛的实力，只派遣了一支由六千骑兵和几万属国不良少年组成的军队，加之路途遥远，粮草不足，结果"当道小国恐，各坚城守，不肯给食。攻之不能下。下者得食，不下者数日则去。比至郁成，士至者不过数千，皆饥罢。攻郁成，郁成大破之，所杀伤甚众"。汉军未能攻下大宛国的郁城,退回敦煌时人马只剩下十分之一二。李广利想罢兵,上书武帝说:"道远多乏食;且士卒不患战,患饥。人少,不足以拔宛。愿且罢兵。益发而复往。"汉武帝闻之大怒,派遣使者到玉门关传令:"军有敢入者辄斩之!"李广利只得率领部下退至敦煌休养生息。汉武帝太初二年(公元前103年),也就是李广利败退敦煌的这一年,汉将赵破奴率兵两万北击匈奴,结果惨败被俘。朝臣们建议汉武帝先停止攻打大宛,集中力量对付匈奴。但武帝认为"天子已业诛宛,宛小国而不能下,则大夏之属轻汉,而宛善马绝不来,乌孙、仑头易苦汉使矣,为外国笑"。于是汉武帝部署兵力决定再次征伐大宛。

随后的一年多时间内,汉朝发动六万士兵,以及大量自带衣

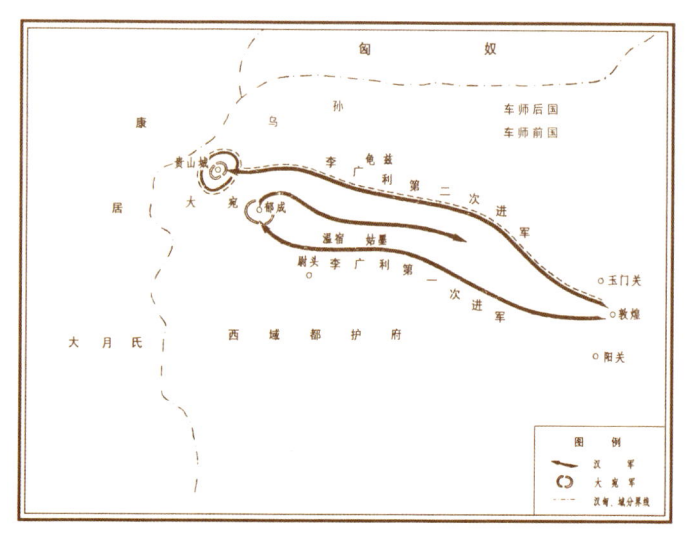

西汉进攻大宛国之战经过示意图,引自武国卿、慕中岳《中国战争史》

食随军的参战人员，携带着十万头牛、三万多匹马，大量的驴、骆驼、粮草，以及各种齐备的兵器，从敦煌出发。西汉军队兵临大宛国都城贵山城下，断其水源，围城四十余日后，大宛贵族杀死大宛王毋寡向汉朝谢罪，并提出献良马的求和协议。贰师将军李广利和众将商议后答应了大宛的求和，并另立了亲汉的贵族昧蔡为大宛国王。贰师将军胜利东归，沿途的各小国听说大宛已被打败，纷纷派其子弟随汉军前往汉朝进贡，拜见天子，并将子弟留在汉朝做人质。因李广利治军不严，部下贪墨军饷，不恤士卒，等军队回到玉门关时，将士仅有一万多人。而在大宛得到的几十匹良马，以及挑选的中等以下的三千多匹公马与母马，加起来也只剩下了一千多匹。太初四年（公元前101年），李广利率将士回到长安。汉武帝考虑其远行万里征战，不念其过，封李广利为海西侯。

汉武帝终获大宛良马，因大宛马更加健壮，于是称大宛马为天马，将乌孙马改称为西极马，并作《天马歌》以贺，歌曰：

天马来，从西极，涉流沙，九夷服。
天马来，出泉水，虎脊两，化若鬼。
天马来，历无草，径千里，循东道。
天马来，执徐时，将摇举，谁与期？
天马来，开远门，竦予身，逝昆仑。
天马来，龙之媒，游阊阖，观玉台。

此后，西汉王朝与大宛的关系进入了黄金时期。大宛"岁献天马二匹",而汉朝的使者、商团亦络绎不绝地前往大宛。尤其是从汉宣帝即位（公元前73年）到西汉末年的七十余年，是汉朝同大宛关系的紧密期。由于史书上留下的材料极少，具体情况仍然模糊。但敦煌悬泉置遗址出土的汉简却弥补了这方面的空白。

自贰师将军李广利征大宛取得胜利后，出产于大宛和乌孙等地的大批良马通过敦煌进入汉朝境内，使西汉的马种得到迅速改良。亦有很多良马留在了河西，例如今天的山丹军马场就是曾经西汉朝廷良马的生产基地。

在汉代的考古资料中，出现了不少象征天马的实物。其典型代表就是1969年出土于甘肃武威雷台汉墓的铜奔马。此外，汉代的马俑作为陪葬品频繁地出现在墓葬中。在甘肃武威磨咀子汉墓中就出土了大量的木马和木马车。

甘肃武威雷台汉墓出土铜奔马，甘肃省博物馆藏

对于良马的追求促进了相马术的发展。汉代出现了以相马扬名天下的黄直、陈君夫，并有相马专著的问世，湖南长沙马王堆汉墓就曾出土了一件西汉初年的帛书《相马经》。相马术在汉代已是一种专门技艺，甘肃敦煌马圈湾出土简牍中就有相马的记载。汉武帝时，有"善相马者东门京铸作铜马法献之"。1981年在陕西兴平汉武帝茂陵一陪葬坑中曾出土一匹鎏金铜马，应当就是当时的相马模型。

汉代马文化的发展还表现为养马业生产技术的提高，主要体现在优良品种的培育、饲养管理技术的进步、兽医得到重视等方面。悬泉汉简中就有对马医的记载。汉代的马文化对后世也产生了重要影响。魏晋时期河西墓葬

湖南长沙马王堆汉墓出土帛书《相马经》，湖南博物院藏

陕西兴平汉武帝茂陵陪葬坑出土鎏金铜马，茂陵博物馆藏

甘肃酒泉丁家闸十六国墓壁画《天马图》

壁画中有大量马的图像，敦煌文献中有大量与马相关的内容，都可以佐证。

而在汉朝征服大宛后，丝绸之路上各国使者与商人往返不绝，中原与西域各国的文化交流就此展开，也就有了后世"天马常衔苜蓿花，胡人岁献葡萄酒"的诗句。

参考文献

司马迁:《史记》,北京:中华书局,1959年。

赵汝清:《浅评李广利伐大宛在中西交通史上的作用——读〈史记·大宛列传〉》,《宁夏大学学报》(社会科学版)1985年第2期。

黄红:《两汉时期的大宛》,《兰台世界》2012年第3期。

张德芳:《汉简中的丝绸之路——大宛和康居》,《丝绸之路》2015年第1期。

郝树声:《汉简中的大宛和康居——丝绸之路与中西交往研究的新资料》,《中原文化研究》2015年第2期。

"简"读中国 敦煌汉简里的丝绸之路

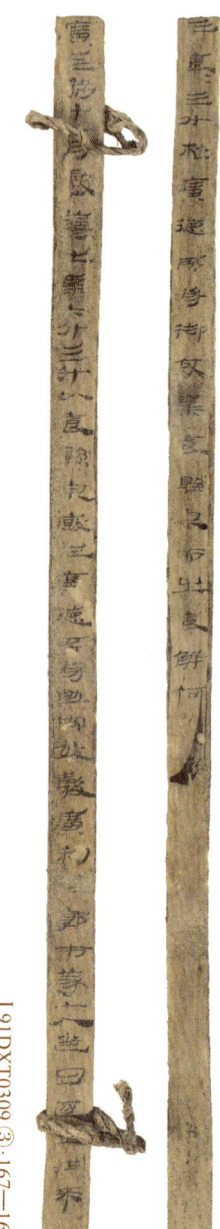

匈奴日逐王归汉

文物简介

木简二枚

出土编号：Ⅰ91DXT0309 ③:167—168

1991年出土于敦煌悬泉置遗址

长23厘米，宽1厘米，厚0.15厘米

原为一册，两道编绳犹存，现仅存两简

存字六十三个，字迹清晰

该简册为汉宣帝神爵二年（公元前60年）悬泉厩佐广德等人迎送日逐王路过广至县时为其提供的膳食记录。日逐王能够顺利到达长安，与敦煌、酒泉等河西四郡的沿途保障密不可分。神爵二年匈奴日逐王归汉，之后汉朝设立了西域都护府，开始对西域进行有效管理。日逐王归汉以

及西域都护府的设立，与地缘最近的敦煌郡有着十分密切的关系。该简册印证了日逐王归汉的事实，是研究中原与西域关系和汉朝大一统局面形成的重要物证，具有重要的历史价值。现藏甘肃简牍博物馆。

简牍释文

广至移十一月谷簿，出粟六斗三升，以食县（悬）泉厩佐广德所将助御、效谷广利里郭市等七人送日逐王，往来三食，食三升。校广德所将御故禀食，县（悬）泉而出食，解何？

简文大意

该简文的主要内容是广至县移交给悬泉置神爵二年十一月的谷簿。悬泉厩佐广德以及效谷县广利里郭市等七人迎送日逐王时，在广至县吃饭食用了粟三升。简文还提出，按规定他们应当在悬泉置就餐，为何要在广至县吃饭，对此事应当作出解释。

据传世文献记载，神爵二年九月，匈奴发生内乱。十月，匈奴在西域的日逐王先贤掸遣使到渠犁，向正在屯田的汉侍郎郑吉表达愿率众归属汉朝的意愿。郑吉报告汉宣帝后，在约定的日期率领渠犁屯田军并召集龟兹诸国人马共五万前往迎接。日逐王率部下一万两千人、小王将十二人来归。郑吉将其部众安置在河曲，并护送日逐王及小王将到京师长安。后汉宣帝封日逐王为归德侯，令他留居长安。同年，西汉设立西域都护府，任命郑吉为西域都护骑都尉管理西域各国。西域版图自此归属汉廷。

阅牍延伸

日逐王是汉时匈奴贵族的封号，一般由单于子弟担任。《后汉书·南匈奴列传》记载："其大臣贵者左贤王，次左谷蠡王，次右贤王，次右谷蠡王，谓之四角；次左右日逐王，次左右温禺鞮王，次左右渐将王，是为六角：皆单于子弟，次第当为单于者也。"日逐王是匈奴贵臣，为六角之一，又是二十四个"万骑长"之一，下设千长、百长、什长等官职。

又《汉书·西域传》载："匈奴西边日逐王置僮仆都尉，使领西域，常居焉耆、危须、尉黎间，赋税诸国，取富给焉。"僮仆都尉作为西边日逐王的下属，驻居于焉耆、危须、尉黎一带，领护西域北道的部分邦国，征收赋税。

神爵二年十月，匈奴发生内乱。此时的汉侍郎郑吉正在渠犁屯田，西边日逐王先贤掸派遣使者至渠犁，向郑吉表示愿意率众归顺汉朝的意愿。在分析完这一特殊的情况后，郑吉一边向长安禀报实情，一边召集兵马随时待命。在接到汉宣帝迎接日逐王的命令后，郑吉发渠犁、龟兹诸国五万人迎日逐王。日逐王率领部下一万二千人、小王将十二人来归。郑吉将其安置在河曲，护送日逐王等人到京师后，汉宣帝封日逐王为归德侯，命他留居长安。

日逐王降汉是一件具有历史转折性质的大事件，史书语焉不详，但悬泉汉简记载了日逐王曾途经敦煌，以及西汉朝廷为此做了全面的准备。据简文记载，在神爵二年八月，车骑将军韩增

日逐王归汉

就已请御史大夫丙吉签发了长安以西至敦煌、酒泉郡迎接日逐王及部众归汉的官吏传信，以便沿途提供交通保障。神爵二年八月初一，日逐王先贤掸入关后，骑乘驿站所提供的传马，经河西走廊前往长安。据学界研究，悬泉置为迎送日逐王先贤掸特意挑选了比驿站通高五尺八寸的传马还要高三寸的传马，可见汉朝对迎接日逐王先贤掸的重视。在神爵二年十一月二十五日，悬泉置提供的传马在跑到冥安后因病死亡,悬泉置厩佐广德还填写了传马病死的责任追究文书。据《汉书·西域传》记载:"日逐王畔单于,将众来降,护鄯善以西使者郑吉迎之。既之汉,封日逐王为归德侯,吉为安远侯。是岁,神爵三年也。"因此,王先谦在《汉书补注》中说日逐王"归在神爵二年,封在三年"。

那么日逐王先贤掸身为匈奴贵臣为何要归汉?据《汉书·匈奴传》记载可知,日逐王先贤掸的祖父为且鞮侯单于。公元前96年,当且鞮侯单于去世时,先贤掸的伯父狐鹿姑正担任左贤王一职,先贤掸的父亲则为左大将。此时,因左贤王狐鹿姑未能及时到达匈奴王庭,匈奴贵族便拥立左大将为单于。在左贤王狐鹿姑返回匈奴王庭后,左大将让位于其兄长,自己担任左贤王的职位。狐鹿姑登上单于位后答应弟弟自己死后由他继位。然而待先贤掸的父亲去世后,狐鹿姑单于却将自己的儿子封为左贤王,而将其弟之子先贤掸封为日逐王。自此先贤掸失去了继承单于的机会,一直以日逐王的身份管理僮仆都尉,统治西域。神爵二年九月,匈奴虚闾权渠单于病死后,右贤王屠耆堂趁机篡夺了单于位,为握衍朐鞮单于。握衍朐鞮单于生性酷虐,诛杀了虚闾权渠单于时的主事大臣,又贬斥上任单于的子弟。日逐王先贤掸因与握衍朐鞮单于关系不和,深感不安,权衡利弊后于十月通过在渠犁屯田的汉侍郎郑吉向汉朝表达了归降的意愿。

"僮仆都尉"为匈奴日逐王管辖下的官员,神爵二年日逐王先贤掸归汉后,西域再无"日逐王",史书中也没有了"僮仆都尉"的相关记载。此后西汉朝廷在轮台设置西域都护府,这标志着西汉朝廷对西域全面管理的开始。

　　控制西域的匈奴日逐王降汉及西域都护府的设置，具有里程碑式的意义。这标志着天山南北诸国正式归属于西汉中央政权，丝绸之路南、北道从此畅通无阻。

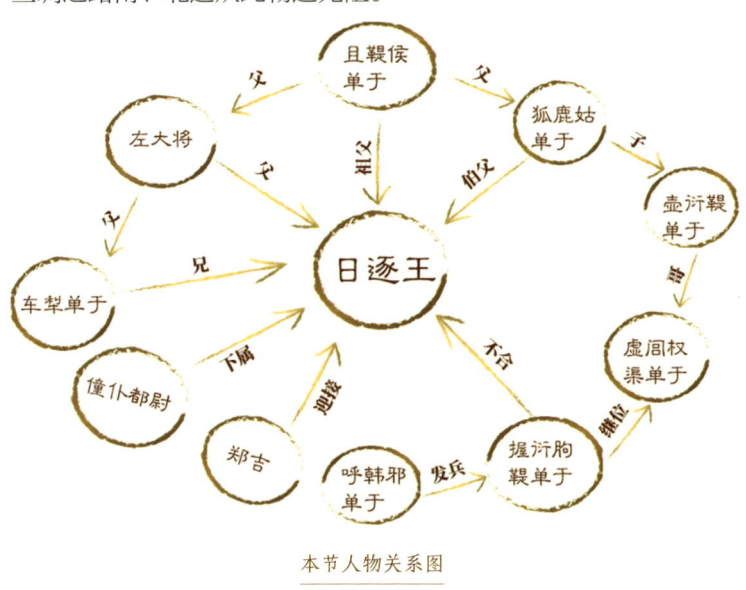

本节人物关系图

参考文献

班固：《汉书》，北京：中华书局，1962年。

范晔：《后汉书》，北京：中华书局，1965年。

胡平生：《匈奴日逐王归汉新资料》，《文物》1992年第4期。

孟辽阔：《西汉中期西域都护府的设立及其重要意义》，《宁夏大学学报》（人文社会科学版）2015年第6期。

李大龙：《如何诠释边疆——从僮仆都尉和西域都护说起》，《西南民族大学学报》（人文社科版）2020年第7期。

"简"读中国 敦煌汉简里的丝绸之路

宴饮小浮屠里

文物简介

木简一枚

出土编号：Ⅵ91DXF13C②:30

1991 年出土于敦煌悬泉置遗址

长 24.8 厘米，宽 1.6 厘米，厚 0.3 厘米

两栏书写，前十一字较大，后十三字稍小

简牍完整，内容清楚

　　该简应为一枚请柬，简中的"小浮屠里"这一里名尤为重要，具有明显的佛教色彩。这是目前我国发现的唯一一枚与佛教相关的汉代简牍，一般被称作"浮屠简"。简文中的"七门西入"指谭堂请客的地点，即其在小浮屠里的具体位置与大门的朝向。该简表明，早在汉代佛教就

已传入了敦煌，且在民间流行。由于此前敦煌佛教相关的史料最早为三世纪后期竺法护弘扬佛法的记载，因此，浮屠简具有极高的史料价值，为研究敦煌佛教史、敦煌学以及中国佛教史提供了重要资料。现藏甘肃简牍博物馆。

简牍释文

少酒薄乐。弟子谭堂再拜请。会月廿三日，小浮屠里七门西入。

简文大意

该简文记录的内容是敦煌小浮屠里有一名叫谭堂的人，准备好了酒和音乐，将在本月的二十三日举行宴饮，地点在小浮屠里第七个门西边进来的房子里，拜请贵宾届时光临此地参加宴饮活动。

浮屠简没有确切的纪年，根据与该简同出土的纪年简推测，该简的年代应该在公元51年至108年之间。"浮屠"是佛陀、佛教的梵语音译，有时也指佛塔，能以此命名一个汉代的乡里，证明佛教在这里已具有一定的影响力。这说明早在公元1世纪下半叶，佛教就已经传入了敦煌，并融入了当地居民的日常生活。这也说明敦煌地区佛教信仰的出现，并非在东汉明帝时期传入中原后再向西扩散的结果。

阅牍延伸

关于佛教传入中国的时间，学界多有争议。汤用彤先生认为是在汉哀帝元寿元年（公元前2年）博士弟子景卢受大月氏王使伊存口授《浮屠经》后传入中原的，许理和先生与李进新先生都认为佛教传入中原当是在公元 1 世纪左右。多数学者认为东汉永平十年（公元 67 年），汉明帝在洛阳建白马寺是佛教正式传入中国的标志。

根据我国境内现存的有明确断代的佛教遗迹和佛教文物来看，约在 4 世纪到 5 世纪初，以凉州（今甘肃武威）为中心的河西地区开始了石窟寺的营建。5 世纪前期在魏都平城（今山西大同）开凿了云冈石窟，5 世纪末北魏孝文帝迁都洛阳后开凿了龙门石窟。由此似乎可以推测出佛教在中国的传播应当是从西到东。

然而悬泉汉简中有一枚记载"小浮屠里"地名的木简引起了学界的关注。张德

[明] 丁云鹏《白马驮经图轴》，台北故宫博物院藏

芳先生通过对同时出土的纪年简年号进行分析，推断浮屠简的时代在东汉建武二十七年（公元51年）至东汉永初元年十二月（公元108年）之间，并认为其具体时间当在汉明帝即位（公元58年）之后的半个世纪以内。张俊民先生推断该简的时代为东汉中后期，认为与佛教东传的时间大体相当。敦煌浮屠简证明在公元1世纪后半期，甚至在永平求法之前，佛教已经传播到敦煌地区。

敦煌浮屠简简文中的"浮屠"应该是指代佛塔。佛教进入敦煌，有了一定量的信众才可能修建佛塔，也才会用"小浮屠"来作为里名。此外，敦煌还有很多以"浮屠（图）"命名的水渠。P.3560《敦煌行水则》记载有"东员浮图渠"和"西员浮图渠"。敦煌P.3354写卷则记载唐代敦煌县龙勒乡都乡里有"浮图渠"，该渠位于敦煌县城西十里。由此可以肯定，敦煌地区的佛教应该是在东汉（甚至两汉之际）以来当地佛教传播的基础上发展起来的。

有学者认为，在佛教传到中国后，起初只允许胡人在其聚落中建立佛寺，而胡汉之间是一种隔离的状态。但张德芳先生认为浮屠简中的谭堂是汉人而非胡人，那么谭堂很有可能就是与胡人混居在小浮屠里的汉人。这表明汉代敦煌地区的胡人和汉人可能并非是隔绝的，而是处于杂居状态。

另外，在汉代，上至达官显贵，下至平民百姓，都将饮酒作为消遣娱乐的方式。如《汉书·张禹传》记载，张禹"常责师宜置酒设乐，与弟子相娱"。在各地出土的汉代画像石、画像砖和壁画中，宴饮的场景十分常见。汉律严禁大规模饮酒，规定"三

河南新密打虎亭2号汉墓壁画《宴饮百戏图》

人以上无故群饮酒，罚金四两"。但这种规定并没有被严格地执行，汉墓中经常会出土大量的酒具。如长沙马王堆汉墓中出土了大批的贮酒器和饮酒器；中山靖王刘胜墓中曾出土三十三件大缸，套缸内壁上仍残留酒的痕迹。据史籍记载，汉代的长安和洛阳等地均设有酒市，司马相如与卓文君就曾在成都开酒肆卖酒。四川彭州出土的汉代画像砖《酒舍》，则形象地展现了当时的酒舍风貌。

总之，敦煌郡由于其特殊的地理位置，不仅是西汉朝廷管理西域诸国的重要后勤保障地，也是西域进入中原的咽喉要地。自汉代以来多民族在此聚居，佛教在此发展繁荣，最终形成了"华戎所交一都会"，而这一切都与丝绸之路密不可分。

参考文献

班固：《汉书》，北京：中华书局，1962年。

陈爱平：《汉代饮酒习俗述论》，《民俗研究》1995年第2期。

郝树声、张德芳：《悬泉汉简研究》，兰州：甘肃文化出版社，2009年。

赵宠亮：《"悬泉浮屠简"辨正》，《南方文物》2011年第4期。

王银平：《从饮酒礼俗看汉代的社会风气》，广西师范大学硕士学位论文，2012年。

孙泽娟、陈章龙、陈雪香：《汉画中的饮酒礼俗》，《农业考古》2018年第4期。

刘屹、刘菊林：《悬泉汉简与伊存授经》，《敦煌研究》2021年第1期。

"简"读中国 敦煌汉简里的丝绸之路

贡使长安

文物简介

木简一枚
出土编号：Ⅱ90DXT0213③:122
1990年出土于敦煌悬泉置遗址
长21.4厘米，宽1.4厘米，厚0.25厘米
木简下残，文字残泐，但基本内容清楚

　　该简上面一行记粮食数量，下面三行记途经人员的国籍、身份、人数以及日期等，是悬泉置前后两天内接待丝绸之路南道上九个西域国家的质子、贵人和使者的记录。丝路南道上的九国外客组团统一前往长安，是当时各国和睦相处以及丝路南道畅通的反映。自丝绸之路开通后，中西方互利贸易发达，形成了"使者相望

于道,商旅不绝于途"的繁荣景象。中原的造纸、冶铁等技术传到了西域,西域的殊方异物也传到了汉地。该简文为研究悬泉置的传舍制度,以及西汉与西域诸国之间的贸易、往来关系提供了重要资料。现藏甘肃简牍博物馆。

简牍释文

斗六升。二月甲午,以食质子一人,鄯善使者二人,且末使者二人,莎车使者二人,扜(于)阗使者二人,皮山使者一人,疏勒使者二人,渠勒使者一人,精绝使者一人,使一人,拘弥使者一人。乙未,食渠勒副使二人;扜(于)阗副使二人,贵人三人;拘弥副使一人,贵人一人;莎车副使一人,贵人一人;皮山副使一人,贵人一人;精绝副使一人。乙未以食疏勒副使者一人,贵三人。凡卅四人。

简文大意

该简文记载的内容是某年二月甲午,悬泉置接待了西域的鄯善、且末、莎车、于阗、皮山、疏勒、渠勒、精绝、扜弥九个国家的质子、贵人和使者,共计十六人;乙未时又接待了渠勒、于阗、扜弥、莎车、皮山、精绝、疏勒七国的副使和贵人,共十八人。悬泉置前后两天时间内共接待外客三十四人。

该简本身并未有明确的纪年,据汉昭帝元凤四年(公元前77年)楼兰改名为鄯善,可知该简的时代是在此之后。汉朝为西域诸国客使提供接待,并派人迎送以确保其路途安全,而各国贵人、使者同时出现在悬泉置,这也说明当时丝绸之路上的西域诸国之间是较为和谐的。

阅牍延伸

汉初北方边郡经常受到匈奴的侵扰。建元二年（公元前139年），汉武帝刘彻为联合与匈奴有矛盾的大月氏共同反击匈奴，派遣张骞出使西域。虽然这次联合大月氏的计划没有成功，但张骞带回来的信息使得西汉朝廷对西域诸国有了大致的了解。于是在元狩四年（公元前119年），汉武帝派张骞再次出使西域，联合乌孙夹击匈奴。

在乌孙国对汉朝有了初步认知之后，元封六年（公元前105年），乌孙国王遣使与汉朝交好，并以千匹乌孙良马为聘礼希望迎娶汉朝公主。于是汉武帝遣江都王刘建之女刘细君和亲乌孙昆弥猎骄靡。细君公主因语言不通、思念故土，于太初四年（公元前101年）在乌孙郁郁而终。同年，楚王刘戊的孙女刘解忧和亲乌孙。至汉宣帝甘露二年（公元前52年）解忧公主返回长安时，乌孙国已由之前西汉的盟国转变为属国。这一目标的实现与细君公主、解忧公主、常惠和冯嫽等人一生致力于挫败匈奴、平定西域的各种努力是分不开的。

太初四年李广利伐大宛之后，自敦煌列亭障西至盐泽。同年，西汉朝廷在轮台、渠犁一带屯田积谷，意在长期经营西域。汉武帝在渠犁和轮台设置了使者校尉和屯田区，使之成为汉朝在西域的第一个据点。汉昭帝元凤四年（公元前77年），西汉又在伊循屯田。屯田政策的实施，促进了中原和西域的文明交流，保证了丝路人员往来的供给，使得汉朝在西域的影响力日益增强。

汉宣帝神爵二年（公元前60年）九月，匈奴发生内乱。匈奴日逐王先贤掸率部众归属西汉，日逐王下属的僮仆都尉随之撤销。汉宣帝封日逐王为归德侯，留居长安。随后西汉朝廷设立西域都护府管理西域诸国。至此，西汉达到了全盛时期。因郑吉为第一位西域都护，后世遂称"汉之号令班西域矣，始自张骞而成于郑吉"。1928年，在新疆阿克苏乌什喀特古城出土了一方铜印"李崇之印信"。印主李崇是西汉最后一位西域都护。西汉时期的西域都护共计十八人，但姓名见于《汉书》的仅有十人。

新疆阿克苏乌什喀特古城出土李崇之印信，中国国家博物馆藏

自汉武帝以来，在沿天山南麓而行的道路上形成了丝绸之路的南、北两道。不管是出于官方往来，还是民间的交流，途经此路的人数越来越多，从西域诸国传入的物产也越来越丰富。

从西域输入的动物中最出名的就是"天马"。此外还有狮子、大象、孔雀等。据《汉书·西域传》记载，当时罽宾国出象、孔雀和沐猴；安息国产大雀；乌弋山离国有狮子、犀牛、封牛、桃拔；条支国也出狮子、封牛；天竺（身毒）国出象。汉简也记载了诸多西域使者到汉地进献物品的情况。献畜的西域使团入关后，需要接受敦煌郡有关部门（玉门关、阳关）的清点和沿途接待厩置官吏的查验登记。对于罕见的狮子、大宛马等，则派出专使前去迎接，最终将它们安置于长安近苑。此外还有不属于西域都护管辖的康居国，在汉元帝永光五年（公元前39年）派使者及贵人献白骆驼的记载。

西域传入中原最著名的水果是葡萄。《史记·大宛列传》中曾提到大宛国产葡萄酒，《后汉书·西域传》则记载在粟弋、伊吾等地盛产葡萄。此外还有大量的植物通过丝绸之路进入中原。《博物志》就有记载："张骞使西域还，乃得胡桃种。"《汉书·西域传》载大宛、罽宾国有苜蓿，而敦煌悬泉置遗址也出土有苜蓿实物。《后汉书·西域传》载大秦国"合会诸香，煎其汁以为苏合"，以及天竺有胡椒，有姜，有诸香。

此外，还有从西域传来的珠宝。据《汉书·西域传》记载，

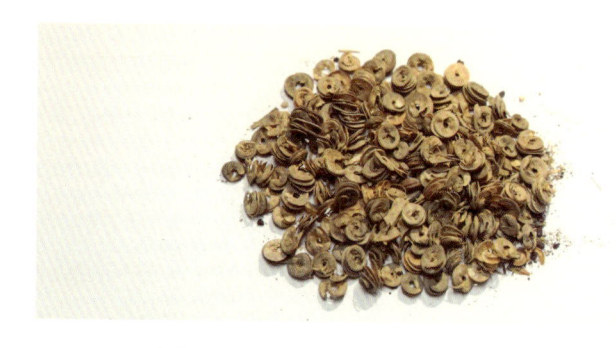

敦煌悬泉置遗址出土的苜蓿种子，甘肃简牍博物馆供图

罽宾、乌弋山离国有珠玑，罽宾国有珊瑚、琥珀、璧流离。《后汉书·西域传》记载大秦国出产明月珠、珊瑚、琥珀、夜光璧、骇鸡犀、琉璃、琅玕、青碧、朱丹；天竺出玳瑁。"于是后宫贱毒冒而疏珠玑，却翡翠之饰""头上倭堕髻，耳中明月珠""足下蹑丝履。头上玳瑁光。腰若流纨素。耳著明月珰"……这些汉代的文学作品都反映出西域的珠宝已经进入中原且成为极为流行的饰品。

除了奇特的物产外，西域幻术技艺也传入了中原。据学界研究，汉代由西域传入中原的幻术有"自支解""易牛马头""自缚自解""吐火"等。《汉书·西域传》记载，汉代宴会上有"巴俞都卢、海中砀极、漫衍鱼龙、角抵之戏"等歌舞百戏。又据史料记载，汉宣帝元康元年（公元前65年），龟兹王绛宾和王后弟史二人到长安省亲时，向汉宣帝进贡了龟兹国的名贵乐器羯鼓与筚篥。汉宣帝御赐给了他们一个数十人规模的乐队以及钟、鼓、琴等乐器。由此中原乐舞和乐器也被带到了龟兹。这是中原与西域第一次大规模的乐舞交流。

丝绸之路沿线的经济文化交流情况，正如《汉书·西域传》记载："自是之后，明珠、文甲、通犀、翠羽之珍盈于后宫，蒲梢、龙文、鱼目、汗血之马充于黄门，钜象、师子、猛犬、大雀之群食于外囿。殊方异物，四面而至。"

参考文献

班固:《汉书》,北京:中华书局,1962年。

范晔:《后汉书》,北京:中华书局,1965年。

余太山:《西汉与西域关系述考》,《西北民族研究》1994年第1期。

殷晴:《悬泉汉简和西域史事》,《西域研究》2002年第3期。

刘永强:《两汉时期的西域及其经济开发研究》,西北师范大学博士学位论文,2009年。

周建:《西汉时期的西域都护研究》,西北师范大学硕士学位论文,2010年。

孟芳芳:《西域文化对汉代文学的影响》,沈阳师范大学硕士学位论文,2014年。

后　记

自 2021 年负责甘肃简牍博物馆基本陈列"简述丝路"大纲文本撰写及陈展设计工作以来，我对甘肃地区的简牍有了较为深入的认知。于 2022 年在甘肃简牍博物馆公众号开始尝试撰写"西域往事"系列文章，在后期获得了较好的反响后，便想将这一系列持续下去。

恰逢甘肃简牍博物馆馆长朱建军研究馆员与浙江文艺出版社副总编柳明晔约定出版一本关于简牍与丝路文明的著作，"西域往事"为恰到好处的选题，本人因此有幸得到了撰写这部书稿的机会。感谢甘肃简牍博物馆朱建军馆长、杨眉副馆长、徐睿副馆长三位领导的重视，以及在简牍图片拍摄工作上给予的支持，让我有机会将"西域往事"系列继续完善。在此表示最诚挚的感谢。

在前期资料搜集阶段是较为迷茫的，那也是一段较为惆怅的时光。感谢甘肃省文物考古研究所张俊民研究馆员为我解答了诸多疑惑。感谢甘肃简牍博物馆肖从礼研究馆员在我撰写"西域往事"系列文章时给予的专业指导。感谢甘肃简牍博物馆科技保护部主任常燕娜副研究馆员、高泽馆员、杨升馆员协助查阅基础资料并提供文物信息，做了大量琐碎但很重要的基础工作。感谢甘肃简牍博物馆的助理馆员程卓宁拍摄了九十九张简牍文物照片用于本书配图。另外，鉴于本书体例，专家学者观点的引用出处仅以每节文末参考文献的形式列出，在此一并致歉和致谢。

何其有幸，在我学术启蒙阶段遇到了一位传道、授业、解惑的好老师。我基础较差，沙老师却不曾嫌弃过，反而一直耐心地指导并鼓励我去写东西。老师的言传身教，让我在学习和工作中都十分受益。感谢沙老师长期以来对我的支持与帮助，同时感谢沙老师为本书赐序。

感谢杨振儒、刘维栋、朱生云、王雨诸位同仁的鼓励与支持，督促我持续跟进内容与进度。还要感谢家人对我的支持，使我能全身心地投入到这份工作中。

此外，浙江文艺出版社的柳明晔副总编对本书的出版提出了不少建设性的建议，陈兵兵编辑全程参与本书的编校工作，付出尤多。再次感谢她们的辛苦与努力。

最后，对提供协助和支持的单位及个人再次表示感谢。在诸位的大力帮助下，终于得以将《"简"读中国：敦煌汉简里的丝绸之路》交付出版。

马　丽

2024 年 9 月